Hartmut Lohmann

# Die Macht des unbewussten Geldes

Hartmut Lohmann

# Die Macht des unbewussten Geldes

Michaels Verlag

# IMPRESSUM


**Ammergauer Str. 80, D-86971 Peiting**

ISBN 978-3-89539-938-1
1. Auflage 2017

# Inhaltsverzeichnis

# Die Beziehung zum Geld

*»Geld ist nichts. Aber viel Geld, das ist etwas anderes.«*
**George Bernard Shaw**

Ob du willst oder nicht, du pflegst eine ganz persönliche Beziehung zum Geld. Diese Beziehung prägt deine Erfahrungen mit dem Geld – und es wiederholt sich darin ein Muster. Hegst du negative Gefühle dem Geld gegenüber, wird es dir schwer Freude bereiten. Wer das Geld ablehnt, kann nicht erwarten liebevoll vom Geld versorgt zu sein. Die Beziehung zum Geld ist bei den meisten Menschen miserabel. Von klein auf wurde uns eingeimpft, Geld sei etwas Schlechtes, Schmutziges, ja Unsittliches. Geld, heißt es, bringe die übelsten Eigenschaften des Menschen zum Vorschein. Mit wenig Arbeit viel Geld zu verdienen ist anrüchig, nur harte Arbeit ist ehrlich und aufrecht. Aber wofür machen sich Menschen krumm, begehen Verbrechen, verhungern auf der anderen Seite des Planeten? Weil sie zu wenig Geld haben und nicht zu viel.

Als brave Kinder glauben wir unseren Eltern und gehen einer harten Arbeit nach, die wir nicht mögen, um Geld zu verdienen, das wir nicht mögen dürfen. Und so sollen wir glücklich werden? Das ist unmöglich.

Zuweilen schimmert der Selbstbetrug unserer Eltern hindurch. Wer kennt sie nicht, diese Sätze: *›Du sollst es einmal besser haben als ich!‹* Aber wehe, es geht uns besser als den Eltern, sofort herrscht Neid und Missgunst: *›So gut wie du möchte ich es auch einmal haben!‹* Zuweilen lehnen Eltern jede finanzielle Hilfe ab, es kränkt ihren Stolz.

Keiner redet über Geld, aber allen mangelt es daran. Zwei Prozent aller Menschen horten achtundneunzig Prozent des weltweiten Vermögens. Das heißt zwei Prozent aller Menschen, gehört die ganze Welt. Und das soll fair sein? Die Reichsten der Reichen sind absolut skrupellos um noch reicher zu sein, und viele streben ihnen nach, um selbst reich zu werden. Was den Umgang mit Geld betrifft, lernen wir von schlechten Lehrern. Der ewige Mangel wurde uns als Kainsmal eingebrannt. Die dritte Welt wird zum Wohle der ersten Welt gemolken.

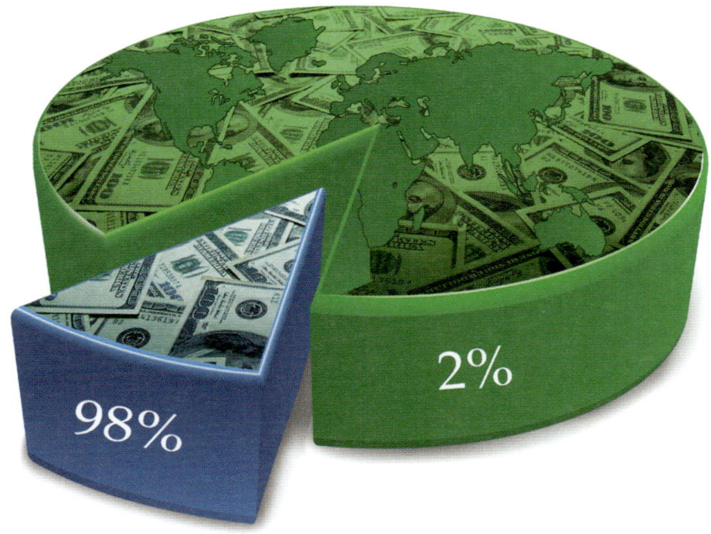


Mit gutem Willen und Glauben werden wir unseren Planeten nicht retten. Der Hunger in Afrika wird nicht durch schöne Reden gestillt. Und auch die Forschung für ein Heilmittel gegen Krebs, Aids und Ebola kostet ein kleines Vermögen – jedes Jahr.

Was macht unsere Welt also kaputt? Das Geld.
Was könnte unsere Welt retten? Das Geld.
Diese Wahrheit können wir nicht länger leugnen und sich gegen den Reichtum zu wehren, bedeutet den Mangel weiter zu füttern, der das Problem erst herbeigeführt hat. Es ist Zeit, unsere Beziehung zum Geld zu hinterfragen. Das Geld ist weder schmutzig noch gut, erst der Mensch macht es dazu. Es ist Zeit, das pausenlose Gefühl des Mangels loszulassen, um die Erfahrung des Mangels nicht neu und neu zu reinszenieren. Es ist Zeit, in das Gefühl der Fülle einzutauchen. Es war nie leichter so schnell reich zu werden, wie in unserer Zeit. Noch nie gab es so viele so junge Milliardäre in der Geschichte der Menschheit und noch nie haben so viele von ihnen so viel gespendet! Der 31 Jahre junge Mark Zuckerberg hat begonnen 99 % seiner Facebook-Aktien ›für die Lösung dringender Probleme der Welt‹ zu spenden. Das sind rund 45 Milliarden Dollar. Und er ist schon lange nicht mehr allein. Über 400 Milliardäre in den USA haben sich bereiterklärt, den Großteil ihres Vermögens zu spenden. Pflegen wir eine gesunde Beziehung zum Geld, kann es unser Leben extrem bereichern. Geld ist in der Lage, ein Leben derart zauberhaft zu gestalten, wie du es dir ohne diese Mittel kaum vorstellen kannst. Ein großes Vermögen erschafft eine Aura der Fülle, die dir unsichtbar vorauseilt und nachfolgt. Türen öffnen sich, Menschen helfen dir, lästige Arbeiten werden dir abgenommen. Das Leben beginnt seine sanfte Seite zu zeigen und die ganze Welt wird dein Spielplatz. Jeder Mensch mit Vermögen, den ich kenne, reist um den halben Globus, so selbstverständlich wie andere Menschen zum Supermarkt fahren. Im warmen Sand liegen auf einer Südseeinsel zur Entspannung, Rafting in Nord-Amerika für den Nervenkitzel

und eine Safari mit Wellness in Afrika für die gesunde Mitte dazwischen. Geld macht das Leben leicht. Aber von der größten Sorge, dem Gefühl nicht sicher und abgesichert zu sein, davon kann uns das Geld nicht retten. Im Gegenteil, es kann die Sorge sogar noch schüren, all das Schöne und Gute des Lebens zu verlieren.

Geld kann auch keine Liebe ersetzen oder erkaufen. Aber das Geld zu lieben ist weder verwerflich, noch zeugt es von einem schlechten Charakter. Im Gegenteil, Geld kann uns helfen, liebevoll zu uns und unseren Freunden und der Familie zu sein. Was ist Geld also?

CỘNG HÒA XÃ HỘI CHỦ NGHĨA
VIỆT NAM
MỘT TRĂM
NGHÌN ĐỒNG
100.000
TD 10091323
200.000

# Was ist Geld?

*»Das Geld, das man besitzt, ist das Mittel zur Freiheit, dasjenige, dem man nachjagt, das Mittel zur Knechtschaft.«*
**Jean-Jacques Rousseau**

Geld ist ein universelles Tauschmittel. Anstatt Waren gegen Waren zu tauschen, können wir mit diesem leicht transportierbaren Tauschmittel überall und jederzeit Waren einlösen. Je flüssiger das Geld geworden ist, desto besser kann es diesen Zweck erfüllen. Geld gleicht damit dem Blut in unserem Körper, es kann und soll alle Teile gleichermaßen nähren und stärken – auch global. Geld kann gegen etwas eingewechselt werden, das wir konsumieren. Das macht es zu einem universellen Nährstoff. Es kann uns wärmen, in Form eines Mantels oder des Feuerholzes, das wir kaufen. Es kann unseren Hunger stillen, wenn wir Lebensmittel dafür erwerben. Es kann uns schützen, wenn wir ein solide gebautes Haus mit ihm bauen. Geld enthält aber auch ein Versprechen. Ist eine Währung hart und damit sicher, ist das Vertrauen der Menschen, mit diesem Geld auch in Zukunft konsumieren zu dürfen, sehr hoch. Ist eine Währung weich und unsicher, ist das Vertrauen der Menschen mit dem Geld in Zukunft konsumieren zu können, sehr klein. Das ist die Macht des Geldes, es enthält ein Konsumversprechen. Und wer lebt, muss immer bis zu einem gewissen Grad konsumieren. Geld und die Gewissheit ›leben‹ zu dürfen, sind damit kaum voneinander zu trennen. Geld ist das moderne Blut der Erde. Stockt es, bricht alles zusammen. Geld ist Leben, es hält uns am Leben, in mehrfacher Hinsicht. Sei es in Form der nackten Existenz, die gesichert ist mit ein paar Rupien am Tag oder sei es in Form von Konzertbesuchen mit Sektempfang, bei denen der Kulturbeflissene das Gefühl hat, endlich wieder am Leben zu sein.

Geld besteht wie Blut aus zwei Teilen. Zur einen Hälfte ist es flüssig, als leicht zu verschiebende Guthaben auf unseren Konten, zur anderen Hälfte ist es fest, als Spareinlagen, Anleihen oder Wertpapieren. Haben wir all unser Geld ›fest‹ angelegt, ist es fast so, als hätten wir gar kein Geld, denn wir kommen nicht heran. Wir könnten Millionär sein und uns trotzdem nichts davon kaufen. Guthaben oder Ressourcen die wir haben, werden erst durch einen Zins, durch das Beleihen des fest angelegten Vermögens wieder flüssig. Zinsen holen die Profite der Zukunft in die Gegenwart. Darin sind sie sehr effizient. Um im Vergleich des Blutes zu bleiben, wären die Zinsen die roten Blutkörperchen, die vermehrt dafür sorgen, dass Sauerstoff an alle Zellen transportiert werden kann. Von Natur aus werden die roten Blutkörperchen systematisch weniger und gleichbleibend neu gebildet. In der Wirtschaft hingegen werden Zinsen automatisch immer mehr. Würde ein Mensch immer mehr rote Blutkörperchen produzieren, droht ihm der Infarkt. Ökonomisch ist das genauso. Das Geld sollte in alle Zellen unseres Erdballs fließen, ohne Unterschied und ohne Gegenleistung. Würde unser Blut von jeder einzelnen Zelle verlangen, eine klar erbrachte Leistung vorzuweisen, die im Anschluss zur Vergütung mit Nährstoffen und Sauerstoff führt, wäre bald die Hälfte unseres Körpers verfault, und wir würden sterben. Die Leistung der einzelnen Zelle ist nicht die Bedingung für ihre Versorgung, nein, umgekehrt ist ihre Versorgung Bedingung ihrer Leistung. Genauso sollte die Leistung des einzelnen Menschen nicht die Bedingung für seine finanzielle Versorgung sein, sondern umgekehrt. Seine Versorgung ist die Bedingung einer selbstlosen Leistung. Die Menschheit ist ein Ganzes, wir schaden uns selbst, wenn wir nicht jeden Einzelnen von uns versorgen. Energetisch ist Geld direkt mit der Liebe verwandt. Die Energie des Geldes und die Energie der Liebe sind beide grün und wir spüren ihre Anwesenheit und Abwesenheit im Herzen. Das glaubst du nicht?

Dann fühle bitte in deinen Brustkorb hinein und stell dir vor, ich würde dir eine Millionen Euro schenken! Wo nimmt die Energie zu? Sehr wahrscheinlich in deinem Bauch und deinem Herzen. Und wenn du genau darauf achtest, wirst du auch den umgekehrten Effekt verspüren, wenn die nächste große Rechnung kommt, geht der Liebe die Luft aus. Das Herzchakra zieht sich zusammen und zeigt ein großes schwarzes Loch. Wo vorher Liebe war, ist jetzt ein Mangel. Der fühlbare Geldmangel im Körper.

Diesen Mangel zu spüren ist sehr wichtig. Mit ihm wollen wir arbeiten, ihn lösen wir auf. Denn er ist die Ursache allen Übels. Geld ist wie Blut und wie Liebe. Das ist eine fundamentale Wahrheit, die wir endlich leben müssen. Geld zu lieben ist nicht verwerflich, sondern goldrichtig. Wie solltest du zu Innerem und Äußerem Wohlstand kommen, wenn du deine Arbeit nicht liebst? Aber genau das wurde und wird uns pausenlos eingeimpft. Geld ist weder eklig, noch etwas Schlechtes, noch zeugt es von Gier oder einem schlechten Charakter, wenn wir danach streben. So wenig, wie es von einem schlechten Charakter zeugt, wenn wir nach mehr Liebe streben.

Geld ist Liebe. Denn was wir finanziell unterstützen, das kann wachsen und gedeihen. Was wir finanziell unterstützen, sehen wir als Teil von uns an. Wie Blut darf das Geld durch alle unsere

Lebensbereiche pulsieren, alles gleichmäßig und gleichermaßen versorgen. Leider gleichen die globalen Ströme des Geldes einem erdrückenden Ring aus Gier und Hass. Der Mangel der Menschen an Liebe hat aus dem lieben Geld eine hasserfüllte Kraft gemacht, die unseren Planeten erdrückt. Der Mensch hat aus einem Medium der Freiheit und Befreiung ein Instrument der Unterdrückung gemacht.
Dieses Muster zu durchbrechen fängt bei jedem von uns an. Es geht nicht darum, ›die da oben‹ zu ändern, es geht darum, uns selbst zu ändern. Wer die Schuld bei den Politikern und Machthabern sucht, gibt mit der Schuld auch die Verantwortung für sein Wohlergehen ab. Wer wäre in unserem Leben mehr für unser Wohlergehen verantwortlich als wir selbst? Niemand! Darum sollten wir auch keinem anderen die Schuld dafür in die Schuhe schieben. Schlicht und ergreifend, weil uns das nicht hilft. Wer sein Leben ändern möchte, sollte mit dem Anklagen aufhören und mit dem Schmieden von Ideen beginnen.

## 1. Übung: Deine Beziehung zum Geld reinigen

Deine Beziehung zum Geld ist vergleichbar mit der Beziehung zu einem Menschen. Sie kann gut oder schlecht sein.
Um mit einem guten Gefühl Geld zu verdienen und dem nährenden Strom des Geldes nicht selbst im Weg zu stehen, sollten wir unsere Beziehung zum Geld reinigen. Schließe dafür deine Augen und fühle ganz entspannt in dein Herz und deinen Bauch hinein. Tief in dir gibt es eine leuchtende Quelle, die direkt mit Gott verbunden ist. Vertraue darauf! Atme ein paar Mal ein und wieder aus, bis du spürst, wie dein Herz entspannt und du fühlen kannst, was du fühlst. Senke deine Auf-

merksamkeit ganz bewusst in die Mitte deines Herzens, in das Zentrum deiner Gefühle.
Erlaube nun, dass in deiner Vorstellung viel Geld vor dir erscheint. Das Geld lebt, es sind Lebewesen in Form dicker Geldrollen und Bündel, die sich bewegen und reden. Du gehst auf diese Gruppe zu, sie sitzen in einem Kreis. Sollten sich jetzt schon negative Gefühle zeigen, versuche sie so genau wie möglich zu benennen. So viel Geld kann Angst machen, prüfe das beklemmende Gefühl in deiner Brust. Wenn das Geld dir Angst machst, sagst du es ihm auch: ›Du machst mir Angst‹ und wiederholst diesen Satz im Geiste bis die Angst schwindet. Zuweilen ist aber auch nur ganz wenig Geld sichtbar oder es bewegt sich nicht, ist wie tot oder verbrannt. Dann prüfe deine Gefühle sehr genau. Das kann ein Zeichen für Ekel sein und Hass. Der Hass ist bei vielen ein sehr unbewusstes Gefühl, das die Beziehung zum Geld jedoch stark prägt. Eine Art Hassliebe. Benenne diesen Hass also auf jeden Fall, ganz gleich, ob du ihn spürst oder nicht, nur um sicher zu gehen, dich davon zu befreien. Wenn es dir sehr unangenehm sein sollte, das zu sagen, kannst du gerne eine Entschuldigung vorne weg anfügen: ›Es tut mir leid, aber ich hasse dich!‹
Wiederhole diesen Satz so oft, bis das Geld klar und grün leuchtend vor dir erscheint.
Unter der Angst vor dem Geld verbirgt sich oft Wut, Enttäuschung und Hass, auch wenn diese Gefühle zuvor durch die Angst völlig unbewusst waren. Wenn du nicht sicher bist, wie du dem Geld gegenüber empfindest, lasse mehr Geld in deiner Vorstellung auftauchen: Millionen und Abermillionen Euro. Mit der Menge des Geldes vergrößert sich auch der fühlbare Widerstand zum Geld. Alles wird wie aufgeblasen und zeigt

sich deutlich spürbar. Benenne jedes negative Gefühl ganz genau. Es reicht nicht zu sagen: *»Es beklemmt mich«* oder *»Du machst mir Druck«*. Diese Gefühle wären Hinweise auf eine Angst. Die Gefühle, die hinter den Körpereindrücken stehen, müssen klar erkannt und benannt werden, sonst gelingt die Versöhnung nicht. Statt also zu sagen: *»Du ziehst mich runter«*, muss es lauten: *»Du machst mich traurig!«*

Egal, welche Gefühle auftauchen, benenne sie so oft, bis das Gefühl verschwindet und ein noch tieferes erscheint. Gefühle wie Wut, Enttäuschung, Trauer oder Hass führen einen sehr rasch an den wunden Punkt. Ein alter Schmerz wird fühlbar, eine alte seelische Verletzung, die körperlich wehtut, wenngleich nicht sehr stark! Jetzt ist der Moment der Heilung gekommen! Wir sagen zu dem Geld: *»Auch wenn du mir weh tust, erlaube ich dir, mich zu heilen! Ich wünsche mir, dass du mich heilst und liebst, damit auch ich dich lieben kann«.*

Der Clou ist, das Geld soll dich heilen. Und das will es! Das Geld will dich warm, weich und liebevoll berühren, um deine Wunde zu heilen. Es wird dir alles geben, was du brauchst, sobald du es ehrlich kommunizierst. Dein tiefstes und ehrlichstes Bedürfnis: *»Ich wünsche mir, dass du mich heilst und liebst«*. Wer in seiner Vorstellung liebevoll in Geld schwimmen kann, ist wieder in den Fluss des Geldes eingetaucht. Den Fluss der Fülle, der dich trägt und nährt. Wir können nichts verlieren, das zu uns gehört. Du bist Teil dieser fließenden Energie des Geldes. Und es ist Teil von dir. Sage also zu dem vielen Geld um dich herum: *»So bin ich. Das bin ich«*. So lange und so oft, bis es sich wieder richtig, weich und gut anfühlt.

# Geld ist Liebe

*»Wozu ist Geld gut, wenn nicht, um die Welt zu verbessern?«*
**Elizabeth Taylor**

Innerer Reichtum ist ein Versprechen unserer Liebe an uns selbst. Im Reichtum der Gefühle erhält die Seele ihre Flügel zurück. Hier können wir nach einer lohnenden und lebenswerten Zukunft für uns alle streben. Geld mag in der Zukunft eine immer geringere Rolle spielen – aber nur weil genug davon da ist. Solange es dir an Liebe oder an Geld mangelt, scheu nicht davor zurück, nach mehr zu streben. Denn Geld ist von Natur aus wie das Blut. Es möchte fließen, um alle Bereiche der Welt zu versorgen. Ein Organismus, der sein Blut an einer Stelle hortet, stirbt. Eine Gesellschaft, die ihr Geld an einer Stelle hortet, stirbt. Auch du hast es verdient, viel zu verdienen. Auch du darfst und sollst dich in Fülle erfahren. Der Kommunismus, und all seine Ableger, missachtet das menschliche Streben, sich selbst zu verwirklichen. Der Kommunismus degradiert das menschliche Streben und Wachsen. Der Mensch hat ein ganz natürliches Bedürfnis danach selbst zu erfahren, woran er wachsen und woran er scheitern kann. Wenn eine Gesellschaft das Scheitern verhindert, verhindert sie auch die Selbsterfahrung. Und wenn wir die Selbsterfahrung verhindern, verhindern wir die Selbstverwirklichung.

Der Mensch muss sich fühlen dürfen, im Licht wie im Schatten, im Glück wie im Leid. Und Leid und Glück liegen viel näher beieinander, als uns das bewusst sein mag. Eine Gesellschaft, die das Leid verhindern möchte, verhindert letztlich auch jedes Glück...

Der Kapitalismus kommt dem Streben des Menschen nahe. Aber im Kapitalismus steht das Kapital an erster und oberster Stelle, dort wo die Menschenwürde stehen sollte. Die Würde des Menschen, das heißt die Gleichwertigkeit aller Wesen und aller Menschen. Wo Kapital regiert, kann die Würde des Menschen nicht gewährleistet werden, leidet die Würde des Menschen oft ganz bewusst.
Wie können wir also in Würde miteinander leben?
Wie können wir eine Zukunft gestalten, die für uns alle das größtmögliche Glück erreichbar macht, ohne uns vom Menschlichen zu trennen? Indem wir alle Macht dem Volk zusprechen, dort wo sie hingehört. Das Geld hat alle Macht bekommen. Darum sollte alles Geld zum Volk zurück. Ich spreche vom ›Bedingungslosen Grundeinkommen‹. Erst wenn alles Geld wieder fließen kann wie Blut in einem gesunden Organismus, kann auch die Macht des Geldes wieder demokratisch auf alle Köpfe der Menschen verteilt sein. Wenn ich glücklich bin, brauche ich sehr wenig Geld. Wenn ich sehr unglücklich bin, werden mir auch zig Millionen Euro nicht helfen. Das Horten des Geldes erwächst dem Mangel und es zieht uns unweigerlich in den Mangel zurück. Doch das Geld ist nur so lange ein Werkzeug des Mangels, solange wir es dazu nutzen. Geld selbst ist weder gut noch schlecht, der Mensch macht es erst dazu. Was die Welt also braucht, was wir brauchen, ist ein Innerer Reichtum, dem der Äußere folgen kann. Wir müssen die Flügel unserer Seele entfalten. Wir müssen nicht die Welt verändern oder retten, nur uns. Niemand kann die Menschen in seinem Leben kontrollieren oder zu einer reichen, wohlwollenden Haltung dem Leben gegenüber zwingen. Aber jeder Mensch kann sich selbst erziehen. Wir können Fenster und Türen unse-

rer Seele öffnen, um frei zu sein. Freies Geld ist darum auch der Weg für ein freies Leben, mit Expansion und Revision, dem bewussten Einatmen von Kapital und Ausatmen von Kapital. In einer Welt mit freiem Geld können wir alle reich sein und wir sind reich für uns selbst und für alle anderen. Die nährenden Versorgungsströme des warm gewordenen Geldes lassen Wüsten ergrünen, Wälder neu wachsen und Meere werden wieder rein. Ein Leben, das sich für alle zu leben lohnt!

Drei Schritte musst DU dafür gehen:

1. Deine Opferhaltung aufgeben
2. Deine Selbstsabotage verringern
3. Deinen göttlichen Selbstwert entfalten

Viele Menschen arbeiten ihr Leben lang, aber das Geld reicht kaum zum Leben. Die Schuld dafür tragen immer die anderen, nie sie selbst. Die Opferhaltung ist physisch wie psychisch die stärkste Selbstsabotage des Menschen, die es zu durchbrechen gilt. Wer die Schuld bei jemand anderem sucht, gibt die Verantwortung für sein Wohlergehen ab. Das ist kindlich und widerspricht einer reifen, sich emotional und finanziell selbst versorgenden Haltung. Niemand kann uns die wertvolle Zeit stehlen, wenn wir nicht mitspielen. Niemand kann uns zum Opfer machen, ohne uns als Komplize. Wenn die Welt der Übeltäter ist, bin ich ihr Opfer. Als das Opfer der Welt, trage ich keinerlei Verantwortung für mein Schicksal. Die Welt muss sich bei mir entschuldigen. Die Welt muss besser werden, damit ich mich bessern kann. Hier gilt der schöne Satz: Sei selbst das Gute, das du im Leben vermisst. Jedes Mal, wenn du die Opferrolle nicht einnimmst, kannst du ein Stück größer werden, dich aufrichten und wachsen. Je mehr Widerstände und Feinde dir im Weg stehen, desto mehr kannst du lernen und wachsen. Alles was deine Liebe erfordert, fördert sie auch.

Ja, vielleicht bist du zu keiner guten Schule gegangen und hast sie sogar abgebrochen. Dann geht es dir wie dem Milliardär Richard Branson. Er war Legastheniker und verließ die Schule ohne Abschluss. Vielleicht konntest du nie studieren, weil andere Interessen dir im Weg waren. Dann ging es dir wie Apple-Gründer Steve Jobs, der auch nur ein Semester an der Uni in Portland eingeschrieben war. Nach dem Tod seines Vaters musste Li Ka-shing die Schule abbrechen, um in einer Fabrik zu arbeiten. Da war er gerade einmal 15 Jahre alt. Jetzt ist er der reichste Mann Asiens. Sein Vermögen beträgt rund 31 Milliarden Dollar und sein Imperium erstreckt sich über 52 Länder mit über 260.000 Mitarbeitern. Vielleicht lebst du von Sozialhilfe und siehst keine Möglichkeit für dich, auch nur einen Euro in ein Projekt zu investieren. Dann bist du in der gleichen Position wie Joanne K. Rowling, die mit ihren Harry Potter Romanen ein Imperium aufgebaut hat. Allein mit Bleistift und Papier. Oprah Winfrey, ehemalige Sozialhilfeempfängerin, wurde mit 14 ungewollt schwanger. Sie hat es aus all diesen Schwierigkeiten heraus geschafft, und wurde die erste farbige Milliardärin in der Geschichte der Menschheit.

Die Zeit der Ausreden ist also vorbei. Und selbst wenn dir Schlimmes und Schreckliches widerfahren ist, hilft es schlicht nichts, der Welt, den Eltern und Mitmenschen, dem Staat oder dem Schicksal die Schuld daran zu geben. Wer, außer dir, trägt die Verantwortung für dein eigenes Glück? Du bist nicht Opfer des Lebens. Du bist das Leben! Selbstmitleid ist einer der stärksten Saboteure in der Entwicklung eines Menschen.

Selbstmitleid trennt dich, Mitgefühl stärkt dich. Sei mitfühlend mit dir, gönne dir was dir zusteht, und du kannst dich vom leidenden Opfer in einen mitfühlenden Täter verwandeln, der dir und der Welt Gutes tut. Solange du die Schuld bei anderen suchst, wird es keinen Grund geben zu wachsen oder zu gedeihen. Wenn die böse Welt schuld ist an deinem Leid – dein Chef, deine Arbeit, deine Familie – musst du die Welt ändern, um selbst eine Änderung zu erfahren. Wenn du erkennst, dass du selbst die Lösung bist, kannst du dich ändern – und das ist sehr viel einfacher! Die meisten wollen alles in ihrem Leben ändern, außer sich selbst. Dabei ist es so viel einfacher sich selbst zu ändern, als alle anderen.

## 2. Übung: Die Opferhaltung auflösen

Wir kennen es alle, das Gefühl, dass nichts gelingt und wir es müde sind, es länger zu versuchen. Kein Bemühen hat gefruchtet, keine Anstrengung wurde vergütet, wir haben all unsere Kraft und Liebe aufgeopfert und nichts dafür zurückbekommen. Jetzt sitzen wir da und denken: *›Was soll's, ich hab keine Lust mehr es zu probieren.‹* Wir fühlen uns als Opfer der Welt und ertrinken in Selbstmitleid. Verständlich, aber nutzlos. Die Opferhaltung führt uns nirgendwohin. Ein Opfer der Umstände und bösen Welt zu sein, hat keinerlei heilsame Wirkung. Es verweigert sie sogar und wehrt heilsame Impulse ab. Wir wollen es gar nicht mehr glauben, wir *wollen* es nicht mehr versuchen. Und das tut weh. Wir haben uns selbst aufgegeben und kreisen grau in grau um uns selbst und unser Leid.

Was wir bei einer Opferhaltung heilen müssen ist eine tiefe Wunde im Selbstwert. Meistens steht sie allem vergeblichen

Bemühen voran. Das heißt, wir sind es uns in Wahrheit gar nicht mehr wert, Erfolg zu haben. Und kaum, dass sich das Muster wiederholt, versinken wir in Selbstmitleid. So wird Misserfolg zur selbsterhaltenden Prophezeiung. Um dieses Muster zu durchbrechen, schließe deine Augen und setze dich bequem hin. Achte auf deinen Atem und wie er sacht in deinen Unterbauch fließt. Du senkst deine Aufmerksamkeit auf dein Herz und erlaubst, dass dein ›Opferhaltung‹ vor dir erscheinen darf. Deine Opferhaltung soll vor dir stehen wie ein Schatten oder graues Tier. Du kannst jetzt mit deiner Opferhaltung sprechen. Ganz gleich, ob du es fühlst oder siehst, du kannst zu dem Schatten, der fühlbaren Präsenz, sagen: *»Auch wenn ich dich ablehne und gar nicht will, dass es dir gut geht, gönne ich dir alles was du brauchst.«*

Prüfe deine Gefühle und benenne sie, wenn du kannst: *»Auch wenn du mich ängstlich/wütend/ traurig machst, gönne ich dir alles was du brauchst.«*

Um die Opferhaltung ganz zu lösen, stell dir vor, dein ganzer Körper, alles was du bist, verwandelt sich in flüssigen Nektar. Eine kalorienreiche Nahrung mit all dem, was dieses Opfer vor dir braucht. Diesen Nektar lässt du von deinem Körper in den Körper des Opfers fließen. Nähre das Opfer, bis es satt ist. Umgekehrt darf sich auch dein Opfer in Nektar verwandeln und du trinkst dich jetzt an ihm satt. Das geht so lange hin und her, bis vom dunklen Opfer nur noch ein kleines, harmlos wirkendes Wesen übrig ist. Dieses Wesen darf dir seine Wunde zeigen. Berühre die Wunde deines Opfers ganz bewusst und erlaube ihr zu heilen. Wiederhole dafür den Satz: *»Ich erlaube, dass diese Wunde auch gegen alle Widerstände heilt.«* Wie ein Mantra kannst du diesen Satz immer wieder sprechen. Das

Wichtigste jedoch ist, es zu fühlen und es wirklich zu erlauben. Aus dem dunklen Opfer wird ein freundliches, dich nährendes Wesen, und die Wunde wird zur Quelle schöner, reiner Energie.

FEDERAL RESERVE NOTE
HC 43996920 A
C3
HC 43996920 A
100

## Dein Anrecht auf Reichtum

*„Je mehr Vergnügen du an deiner Arbeit hast, umso besser wird sie bezahlt."*
**Mark Twain**

Reich zu sein bedeutet frei zu sein. Geld ist eine Macht, die Gutes wie Schlechtes bewirken kann. Mit Geld können wir Schulen in Afrika bauen, Brunnen graben und Krankheiten bekämpfen, wir können aber auch einen ganzen Staat in den Ruin stürzen, um selbst daran zu gewinnen. Der Innere Mangel ist der Motor für die Gier und der Innere Reichtum der Motor für Barmherzigkeit. Geld ist mit der Liebe verwandt, Barmherzigkeit steht dem Geld viel näher als uns bisher bewusst ist. Warum? Weil wir selbst zu viel Mangel erfahren haben, und immer noch (er)leben. Es darf unser Ziel sein, einen Inneren und Äußeren Reichtum aufzubauen, der groß genug ist, aus sich selbst heraus zu wachsen. Ein Reichtum groß und stark wie ein Baum. Wir haben am Anfang nur einen kleinen Samen gepflanzt, ihn täglich gegossen, aber eines schönen Tages brauchte er uns nicht mehr. Seine Wurzeln und sein Stamm sind stark genug geworden von jetzt an Früchte, Schutz und Schatten zu spenden.

Der Innere Mangel bewirkt, dass unsere Ausgaben im gleichen Maße wachsen wie unsere Einnahmen. Die meisten Menschen stehen sich ihr Leben lang selbst im Weg, indem sie das, was sie verdienen, unmittelbar wieder für Konsum ausgeben. So halten sie den Mangel, der sie antreibt, künstlich aufrecht. Denn das Loch im Herzen kann kein Geld der Welt stopfen.

Beim Geld zählt weniger wie viel wir verdienen, als wie viel wir davon behalten und für wie lange Zeit. Selbst 1.000 Euro haben sich innerhalb von 50 Jahren durch Zins und Zinseszinsen zu einem beträchtlichen Vermögen von 117.000 Euro angespart. 50 Jahre ist die Zeitspanne, die jeder Mensch beim Kauf eines Hauses überblickt. Wenn deine Eltern schon seit 50 Jahren sparen, könntest du mit Fug und Recht nachfragen, wo die zwei Millionen Euro sind, die sie längst besitzen sollten? Sie werden große Augen machen und sogleich zu schimpfen beginnen. Ja, wahrscheinlich geben sie dir die Schuld, dass sie nicht reich geworden sind! Denn so reden Menschen gerne. Schuld sind immer die anderen. Kinder kosten zu viel, das neue Auto war so teuer, die Raten für das Haus wurden erhöht, die Gehaltserhöhung ist nicht eingetreten... Welche Faktoren sie auch heranziehen, es ist immer das gleiche Muster. Die Schuld liegt im Außen, und damit geben wir alle Verantwortung für den eigenen Wohlstand ab. Wenn mehr Geld da ist, wird auch mehr Geld ausgegeben, statt es in den Grundstock eines Vermögens zu investieren, von dem noch viele Generationen schöpfen könnten.

Denn das ist das Schöne an Geld, es gleicht auch den Pflanzen. Hat es genug Gewicht angenommen, beginnt es Früchte zu tragen und immer schneller immer mehr Gewinne abzuwerfen. Es wächst immer schneller, ganz von selbst. Egal, wie erfolgreich ich als Angestellter bin, meine Stelle kann ich an meine Kinder nicht vererben. Mein Vermögen aber schon. Reichtum ist vererbbar, viele kommende Generationen können davon profitieren. Das kann niemand von seiner Arbeitsstelle behaupten, oder? Reich werden wir nie nur für uns selbst, sondern auch immer für alle anderen.

# Die Macht des Geldes

*»Eine wirklich gute Idee erkennt man daran, dass ihre Verwirklichung von vorne herein ausgeschlossen erscheint.«*
**Albert Einstein**

Geld darf sich wie Liebe anfühlen und verhalten. Geld dürfte die ganze Welt versorgen und uns allen Wohlstand bringen. Das wäre die Lichtseite des Geldes. Warum verhält sich das Geld dann nicht so? Weil wir Menschen unseren inneren Mangel im äußeren Mangel spiegeln und ständig neu kreieren. Es ist der Makel des Menschen, der seinen langen Schatten auf die fruchtbaren Böden des Kapitals geworfen hat. Was fordert die Liebe? Nichts. Was will die Liebe erreichen? Größtmögliches Wachstum für alle. Wahre Liebe lässt frei, sie lässt atmen und leben und ihr Wunsch ist es, dass ihre Kinder flügge und selbstständig werden. Der Kreislauf erneuert sich.

In dieser Welt, wo das Geld wie Liebe fließen dürfte, gäbe es das bedingungslose Grundeinkommen[1]. Niemand würde große Geldsummen horten, sondern es immer wieder neu in den Kreislauf gießen und fließen lassen. Denn Geld muss fließen, um seinen Lebenszweck zu erfüllen. Wer es hortet, der raubt ihm seine Kraft. Geld sollte es für alle im Überfluss geben. Stattdessen haben wir diesen Nährstoff künstlich verknappt. Das Geld ist nicht von der Fülle, sondern vom Mangel geprägt. Diesen Stempel hat der Mensch ihm aufgedrückt, als äuße-

1 Bedingungsloses Grundeinkommen: Die staatliche Absicherung eines jeden Bürgers, unabhängig seiner Leistung. Das plausibelste Modell sieht die Abschaffung der bekannten Steuern vor, an deren Stelle eine einzige ›Konsumsteuer‹ tritt. Steuererklärungen würden sehr simpel und alle gleichermaßen zur Kasse gebeten, statt nur der ohnehin schwache Mittelstand.

ren Ausdruck seines inneren Mangels. Das Geld spiegelt unseren inneren Mangel wieder. Diesen Mangel müssen wir in uns lösen, bevor wir die Fülle im Außen überhaupt denken, fühlen und erleben können. Das Geld sollte eine Ausdrucksform des Lebens sein, der Liebe und Fülle. Stattdessen ist es eine Ausdrucksform der Erniedrigung, des Mangels, ja des Todes.

Aufgrund des gefühlten Mangels hat der Mensch begonnen, sämtliche Lebensbereiche mit dem Geld zu unterwandern. Zunächst lag die Wertschöpfung im Tausch von Lebensmitteln, dann bei Gebrauchsgegenständen, dann bei Waren und Gütern jeder Art. Ländereien und Waffen kamen hinzu, damit Kriege um die Ländereien geführt werden konnten. Geld verhält sich wie ein Lebewesen, es hat eine Macht über die Menschen, es verführt sie, es verspricht ihnen Heil und bringt den Tod. Wir müssen diese Macht ins Gute wenden. Für das Geld und die Liebe gibt es keine Amerikaner, es gibt keine Russen, es gibt keine Chinesen und keine Araber. Es gibt nur einen globalen, sich selbst verstärkenden Geldstrom, ein Kontinuum des Geldes. Es gibt keine Regierungen oder Regierungsformen, die wirklich von Bedeutung wären. Demokratie und Diktatur, beide Machtformen dienen in Wahrheit immer nur einer Macht: Der Macht des Geldes.

Die größte Stärke des Geldes ist darum auch sein Fluch. Wo Macht ist, kann Macht missbraucht werden. Der Mensch missbraucht die Macht des Geldes, weil er an Mangel leidet. Wer viel Geld verdient, macht sich nicht schuldig. Im Gegenteil, arm zu sein, spielt der Inneren Armut in die Hände. Ja, sie geht mitunter daraus hervor. Ich rede nicht von Gier, ich spreche von Fülle. Das eine nimmt, das andere empfängt. Ich rede davon, gut zu dir selbst zu sein, damit du gut zur Welt sein kannst. Von

unseren Eltern oder in der Schule lernen wir nicht, was es heißt, inneren und äußeren Wohlstand zu erfahren. Die Grundregeln des inneren und äußeren Wohlstandes musste ich mir selbst beibringen. Weil ich – wie du sehr wahrscheinlich auch – von innerlich wie äußerlich ›armen Menschen‹ aufgezogen wurde. Innere Armut ist das wahre Problem des Wohlstandes. Innere Armut wirft einen langen, vergitterten Schatten bis weit in den Reichtum hinein. Streben wir nach Geld und Erfolg, schreit uns die Innere Armut hinterher: *›Komm wieder runter, das hast du nicht verdient!‹* Millionäre landen wegen Steuerhinterziehung im Gefängnis. Lottogewinner verzocken ihre Millionen, sobald sie versuchen, die Löcher ihrer Seele damit zu stopfen. Weil ihre Innere Armut noch immer flüstert: *›Es ist nie genug!‹*
Die Macht des Geldes entfesselt unsere Schöpferkraft. Wie willst du sie nutzen? Zu deinem eigenen Wohle oder zum Wohle der ganzen Menschheit?
Dein Innerer Reichtum dient dir selbst wie allen anderen Wesen um dich herum. Warum sollte das bei deinem äußeren Reichtum anders sein? Auch dein äußerer Reichtum darf allen anderen dienen, so ist es gesunder Wohlstand mit frei fließenden Strömen warmen Geldes. Du wirst zum Herz, einer Pumpe des Geldes, durch die große Geldmengen fließen. Das Herz behält nur so viel Blut für sich zurück wie es braucht, seine Arbeit zu erledigen, und ist doch mit großen Mengen nährender Ströme versorgt.

# Geld möchte fließen

*»Ein Geschäft, das nur Geld einbringt, ist ein schlechtes Geschäft.«*
**Henri Ford**

Geld vermehrt seinen Wert, indem es fließt. Egal, ob das Geld rauf oder runter strömt, ob Expansion oder Rezession, solange du weißt, wohin das Geld sich bewegt, kannst du Geld auf gesunde Weise verdienen, oder auf kranke. Um diese Strömungen und Bewegungen des Kapitals zu beeinflussen, sind die Rechenmodelle immer komplexer und die tatsächlich angewandten Methoden immer krimineller geworden. Banken geht es nicht darum was Deutschland tut oder Frankreich, ob Russland und Amerika gut miteinander auskommen, es geht um IBM, Microsoft, Nestlé, Oetker und Sony. Das sind die wahren Nationen, die Krieg oder Frieden spielen und ganze Kontinente tanzen nach ihrer Pfeife. Das ist der Schatten des krankhaften Geldes. Wer 100 Euro besitzt kann darüber entscheiden, wo er abends etwas essen möchte. Wer 100 Milliarden besitzt, kann darüber entscheiden, ob die anderen überhaupt noch etwas zu essen bekommen.

Die Welt besteht aus einer kleinen Gruppe von Konzernen, diese haben den Planeten fest im Griff. Der größte Profit ist nur dann möglich, wenn große Firmen pleitegehen oder noch besser - ganze Länder. Wachsen können Menschen und Firmen nur allmählich, aber stürzen können sie blitzschnell. Stürzt ein Land oder eine Firma, werden binnen Sekunden gigantische Kapitalmengen frei. Schulden lösen sich in Luft auf, willige und billige Arbeiter fluten den Markt, Immobilien und Wertge-

genstände werden veräußert... Kurzum: Ein Wal wurde erlegt und eine riesige Ausbeute ist sicher.
Leider haben wir uns ökonomisch in eine Lage manövriert, in der wir auf solche Wal-Fang-Manöver angewiesen sind, damit die Wirtschaft weiterläuft. Krankhaftes Wachstum, um krankhaft Geld zu verdienen, ist Teil unserer kranken Wirtschaft. Es ist kein böser Wille, keine böse Macht am Werke, ausgenommen die Innere Armut des Menschen, die uns allen vermittelt: ›Es ist nicht genug!‹, und so zur selbsterfüllenden Prophezeiung ausreift.
Welches Spiel wir spielen und welches nicht, ist allein unsere Sache. In Sekunden können Firmen und bald auch Länder zum Einsturz gebracht werden. Das Streben nach mehr Profit hat die Bühne der Firmen und Fabriken verlassen. Längst muss mit dem Triumph und Bankrott ganzer Länder gezockt werden, um die ›dringend nötigen‹ – dem krankhaften Wachstum geschuldeten – Profite abzuschöpfen. All das ist der Schatten des Geldes, die dunkle Seite der Macht. Auf Wachstum angewiesene Länder und Firmen stehen bereits vor dem Bankrott, wenn das prognostizierte Wachstum nicht erreicht wird. Ein Rückgang von wenigen Prozenten Wachstum kann die Insolvenz bedeuten. Eine solche Form der Existenz ist unnatürlich. Jedes Dasein folgt einer Wellenform und diese Wellen bestehen aus Expansion und Revision, Einatmen und Ausatmen... Das gesunde Schrumpfen einer Firma, das Zurücksinken des Kapitals nach der Flut, das Besinnen auf wahre Werte, die uns überdauern und wichtiger sind als der Profit – all das kommt in den Köpfen der Firmenbesitzer nicht vor. Das ist unsere Schuld. Jeder ist das Kind seiner Zeit und unsere Zeit kennt nur eine Richtung: Höher, schneller, weiter!

Wir haben das Geld also zu einem widernatürlichen Machtinstrument des krankhaften Wachstums missbraucht. Wir können es aber auch zu einem Machtinstrument der Fülle für alle verwenden. Du entscheidest das! Du! Welches Spiel möchtest du spielen?

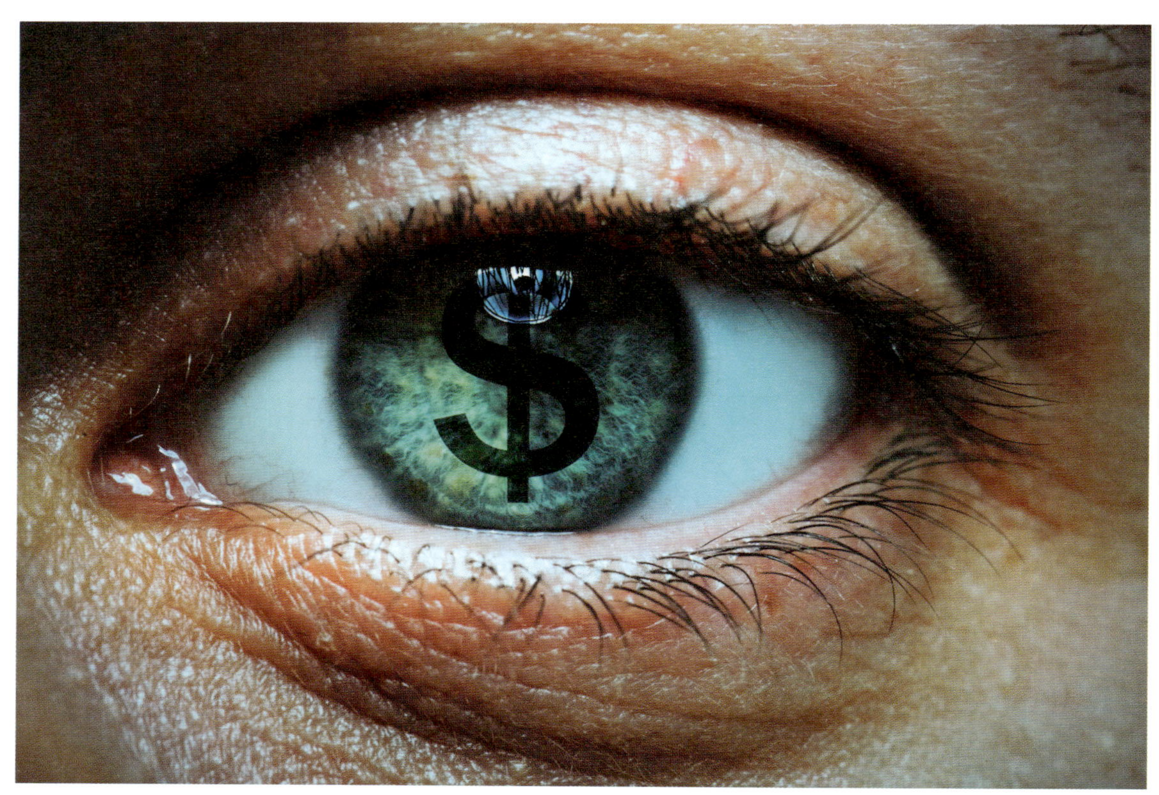

## Die große (Sehn)Sucht des Menschen

*»Wer der Meinung ist, dass man für Geld alles haben kann, gerät leicht in den Verdacht, dass er für Geld alles zu tun bereit ist.«*

**Benjamin Franklin**

Jeder Mensch steht vor allem und zunächst sich selbst im Weg. Das liegt daran, dass alles Menschliche ein Schattenspiel des Göttlichen Lichtes ist. Der Mensch, der wir sind, entsteht durch die Trennung zum Göttlichen, das wir sind. Warum? Gott oder das Göttliche ist alles, er ist nicht Mann und nicht Frau, er ist du und ist ich, er ist alles. Alles und nichts sind beinahe identisch. Wer alles ist, hat keine Eigenschaften. Jede Eigenschaft, die uns als Individuum formt, ist demnach etwas, das uns vom dem, was alles ist, unterscheidet, davon trennt.

Der Mensch und die Welt sind ein Licht- und ein Schattenspiel des Göttlichen. Das Licht ist göttlich, der Schatten ist göttlich. Aber nur der Schatten ist individuell und damit menschlich. Anders formuliert: Glücklich und liebevoll ähneln wir einander, nur leiden kann jeder auf seine ganz persönliche Art.

Süchte sind der stärkste Gegner der Fülle. Sie ziehen uns unbarmherzig in ihren dunklen Abgrund hinab. Süchte gibt es viele: Alkohol- oder Arbeitssucht, Ess- oder Brechsucht, Spiel- oder Verschwendungssucht, Computer- oder Sportsucht... Die Liste ist endlos, sie hat jedoch nur einen Ursprung: Die unerbittliche Suche des Menschen nach sich selbst.

Die einzige Sucht, die es wirklich gibt, ist die Sehnsucht des Menschen nach sich selbst. Die Ich-Sucht ist die größte Hürde auf dem Weg zur Inneren Fülle, die ich kenne.

Denn Suchen kann ich nur, was ich nicht habe. Doch wer sich

kennt, der muss sich nicht mehr suchen. Wie in einer Anekdote, wo ich die Brille suche, die mir auf der Nase liegt, sucht der Mensch sich selbst, obwohl er sich bereits besitzt. Wir suchen, was wir haben, um zu werden, was wir sind.

Aber die Suche kann uns ermüden. Und Süchte machen uns arm. Innerlich und äußerlich. Süchte sind die schwarzen Löcher der Seele, worin all unser Reichtum versinkt. Von ihnen stammt der schlechte Ruf des Geldes, denn Geld gibt uns die Macht, all unseren Süchten zu folgen. Wer viel Geld besitzt, kann seiner Ich-Sucht frönen, seiner Spiel-Sucht nachgehen, seine Drogen-Sucht finanzieren. Eine Sucht wird niemals enden, solange der Mensch sich nicht vom Menschen abwendet und das Göttliche in sich findet. Das Menschliche ist der Schatten. Aus dem menschlichen Makel wächst die Sucht wie eine dunkle Blüte, die unser ganzes Glück aufsaugt und trinkt. Keine Droge schenkt uns etwas. Sie leiht es uns nur, und fordert es dann unerbittlich, mit Wucherzinsen zurück. Die Zinsen der Zigaretten sind Sorgen und Ängste. Die Zinsen des Alkohols sind Ekel, Scham und lähmende Langeweile. Die Zinsen des Kokains sind Kränkbarkeit, Minderwertigkeit und Depression. Nach langem Fest und ausschweifendem Vergnügen versagt letztendlich alles. Die Sucht ist wie ein Parasit, die ihren Wirtskörper auslaugt und oft genug tötet. Darum ist es weise, seine Süchte und Dämonen so früh wie möglich auszutreiben.

Nur zwei Dinge können das Leben eines Menschen bestimmen: Er selbst oder seine Süchte. Süchte nehmen uns das wertvollste Werkzeug langsam aber erbarmungslos aus der Hand: Die Selbstkontrolle. Die Sucht strebt unerbittlich nach mehr Raum im Dasein eines Menschen und nimmt sein Denken, Fühlen, Handeln in Beschlag. Die Sucht ist die einzige Krankheit, die wir nur selber heilen können. Langsam, aber unerbittlich, gewinnen wir unsere Selbstkontrolle zurück.

# Konstant reicher, statt konstant ärmer

*»Die Menschen verstehen nicht, welch große Einnahmequelle in der Sparsamkeit liegt.«*
**Marcus Tullius Cicero**

Meine Freunde sind allesamt Akademiker, beruflich erfolgreich und dennoch finanziell ungebildet. Erst neulich erzählte mir einer von ihnen ganz freudig, er habe für 10.000 Euro deutsche Staatsanleihen gekauft, fest angelegt auf zehn Jahre, mit einer Verzinsung von 0,25 Prozent. Ich an seiner Stelle hätte getrauert. Sein Verlust wird nach Ablauf der zehn Jahre wegen der Inflation mindestens 1.750 Euro betragen. Er mag zwar 10.250 Euro zurückgezahlt bekommen, aber diese Summe ist in zehn Jahren nicht mehr so viel wert wie heute. Seine Kaufkraft wird die von 8.500 Euro sein. Wer Bausparen für eine gute Wertanlage hält, als Kleinanleger mit Aktien zockt, oder Renditen von 1,5 Prozent für eine gute Sache hält, ist der staatlich geförderten, finanziellen Unbildung des Volkes auf den Leim gegangen. Ein Zinssatz, der unter der Inflation (mindestens zwei Prozent) liegt, bedeutet einen entsprechend hohen Verlust und nicht Gewinn. Aber das wird dir kein Banker verraten. Die meisten Menschen legen ihr Geld so an, dass sie es langsam verlieren. Das geht so schleichend, über Jahrzehnte hinweg, dass sie es kaum mitbekommen. Dass sie nicht reicher werden, das bemerken sie – aber sie ahnen nicht warum! Der Durchschnittsbürger wird konstant ärmer und das ist vom Staat so gewollt. Die Banken wollen die profitablen Geschäfte selber tätigen, statt sie an ihre Kunden zu vermitteln. Ganze Länder und riesige Institutionen verdienen Milliarden an der finanziellen Unbildung des Durchschnittsbürgers.

Der Finanzsektor, wie er vom Staat und den Banken geformt wurde, ist ein stillschweigender Diebstahl an unserem Geldbeutel. Es ist eine schleichende, eine ›kalte Enteignung‹. Wie Sand rinnt das mühsam angesparte Geld durch Dutzend kleine Fugen und Lücken heraus. Wir schütten jeden Monat das hart verdiente Geld hinterher, aber es bleibt nie genug übrig. Der Staat will seine Bürger fleißig arbeiten sehen. Zumal wir immer größere Schuldenberge abarbeiten müssen. Viele glauben, wenn zu viele Menschen ein Vermögen ansammeln würden, das für sie arbeitet, statt selbst fleißig zu sein, stünde der Staat am Ende ohne Bürger da. Hier sehen wir das große Mangeldenken, dem wir alle unterliegen. Jeder nimmt von seinen Mitmenschen nur das Übelste an. Obwohl wir selber von uns wissen, großzügig und edelmütig zu sein, oder zumindest mit bestem Wissen und Gewissen danach streben.
Die Bürger sollen hart arbeiten um mehr zu verdienen, womit sie mehr konsumieren, wofür sie noch härter arbeiten.... Gesundes Kapital wird hier nirgendwo gespart, im Gegenteil, die Schulden nehmen weiter zu. Noch nie waren so viele Einzelhaushalte so hoch verschuldet, sogar überschuldet wie heute! Überschuldet bedeutet, dass es keine Möglichkeit gibt, die Schulden jemals mit dem monatlichen Einkommen zu tilgen. Jeder zehnte Haushalt in Deutschland ist überschuldet! Also zehn Prozent, das sind allein in meiner Straße 20 Haushalte!
Dabei lässt sich mit dem Wissen um die Macht des Geldes innerhalb einer Generation genug Vermögen ansparen, um nicht mehr arbeiten zu müssen. Ich war noch keine Dreißig, da hatte ich genug Geld beisammen, um in Rente zu gehen. Und trotzdem hat meine arbeitsreichste Phase erst danach begonnen. Weil mir meine ›Arbeit‹ – wenn wir sie überhaupt so nen-

nen wollen – Erfüllung bietet und ich Schönes erschaffe, nicht nur für mich allein, sondern für alle Menschen. Das ist größer als ich, das ist zauberhafter als ich, das hebt mich in Sphären, die ich alleine niemals berühren könnte... Viele Menschen glauben, es würde keiner arbeiten, wenn er nicht dazu gezwungen würde. Dabei liegt es in unserer Natur, altruistisch zu sein. Nur wenn ich allen helfe, ist auch mir geholfen. Nur was uns alle befreit, das kann auch mich befreien. Dieser Wahrheit gemäß handelt der Mensch, sobald er kann und darf. Und dieser Wahrheit müssen wir endlich mehr Recht und mehr Raum in unserem Leben geben. Erst jeder einzeln, und dann wir alle zusammen.

Was können wir also tun, um konstant reicher zu werden statt konstant ärmer? Es gibt drei goldene Regeln, an die ich mich halte.

### *1. Goldene Regel: Halte die Fixkosten niedrig!*

Die erste Regel ist auch die wichtigste. Die meisten Menschen passen ihren Lebensstandard konstant ihrem Einkommen an. Kaum haben sie mehr Geld, geben sie auch mehr aus. Gefährlich wird es, wenn sie Verbindlichkeiten eingehen, die an dieses höhere Einkommen gebunden sind. Ein größeres Haus, das sie bewohnen, das geleaste Auto, die Ratenzahlung für den Flachbildfernseher... Wer so handelt, handelt wie es ihm die Konsumgesellschaft vorlebt. Das ist kurzsichtig geplant.
Sobald das Einkommen stagniert, womöglich der Arbeitsplatz verloren geht, bricht das Kartenhaus zusammen. Die Raten für das schöne Auto können nicht mehr bezahlt werden, bald auch

nicht mehr für das neue Haus, es geht schneller und steiler bergab, als es mühsam nach oben ging. Das war schon immer so, und das wird auch immer so sein. Planen wir unser Leben entsprechend!

Immer wieder kommen Menschen zu meinem Geldseminar mit der Idee im Kopf: *›Ich brauche dringend mehr Geld, ich habe viele Schulden.‹* Ihnen sage ich: *›Du brauchst nicht mehr Geld, du brauchst weniger Fixkosten.‹* Mehr Geld ist bei 90 Prozent der Menschen keine Lösung, sondern verschlimmert nur das Problem.

Die Fixkosten müssen immer so niedrig wie möglich sein. Der menschliche Körper verbraucht, gemessen an seiner Leistung, sehr wenig Kalorien. Passen wir uns dem erfolgreichen Vorbild der Natur an, heißt das: Maximale Leistung, bei minimalen Kosten. Nimm das billigste Büro, das du finden kannst, hol dir die Möbel für deine Firma von E-bay oder sogar dem Sperrmüll. Spare wo du nur sparen kannst, dann bist du auch arbeitsfähig, trotz kleiner Gewinne.

Vergiss den Status und das protzige Auftreten. Die ersten fünf Jahre einer Firmengründung geht es um das nackte Überleben. Ein Drittel aller Firmen gehen innerhalb der ersten drei Jahre pleite, weil sie die Fixkosten nicht klein genug halten oder die Steuerzahlungen versäumen.

Und was du einmal angespart hast, bleibt auch gespart. Am besten kaufst du davon physisches Gold. Dieses behältst du auch, wenn es einmal eng wird! Ja, die Handwerker wollen, dass ihre Rechnung sofort bezahlt wird. Ja, die Stromrechnung war höher als gedacht und das Schulgeld muss auch noch bezahlt werden. All das erzeugt Stress, der danach schreit, durch eine Überweisung rasch abgebaut zu werden. Der Griff zur Sparbüchse liegt nahe. Hier gilt es eisern – oder besser „goldig" – zu bleiben. Was einmal gespart wurde ist heilig, es darf nicht angefasst werden.

### *2. Goldene Regel: Kaufe Renditen und keine Schulden!*

Wer ein Haus kauft, um selbst darin zu wohnen, der hat gerade Schulden erworben, statt Gewinne zu machen. Viele sparen eisern, um sich ein kleines Reihenhäuschen zu leisten. Das ist ihr ganzer Stolz. Sobald sie ihre Arbeit verlieren oder sie wegen einer Krankheit ausfallen, merken sie dann: Das Haus gehört nicht ihnen, sondern der Bank. Ich kenne viel zu viele solcher Schicksale. Finger weg von Eigentumswohnungen und Reihenhäusern, die du selbst bewohnst. Die Verbindlichkeiten fressen alles an Kapital auf, was noch am Monatsende übrig bleibt. Und sobald Krankheit, Arbeitslosigkeit oder ein Unfall eintritt, pfändet die Bank alles, was hart erarbeitet und erspart wurde. Dein vermeintlicher Gewinn und Notgroschen waren die ganze Zeit Schulden bei der Bank. Das Reihenhaus hat dich schwächer gemacht, statt stärker.

Kaufe Renditen und keine Schulden. Der Durchschnittsbürger kauft für gutes Geld billigen Schrott. Er verwandelt das bisschen Geld, das er noch sparen konnte, in elektronischen Müll: Neues Handy, jedes Jahr einen größeren Fernseher, jedes Jahr neue Verträge, eine neue Wohnung, ein neues Auto. All das sind Schulden. All das kostet Geld, statt Geld zu gewinnen. Du solltest dein Geld also lieber in Wertanlagen statt Stereoanlagen investieren. Auch wenn dir die Werbung es anders verkauft! Dein Handy, dein Fernseher, alles Elektronische verliert in dem Moment, in dem du es kaufst, 50 Prozent seines Wer-

tes. Das ist kein Investment, das ist Konsum. Du hast Schulden gekauft statt Renditen.
Investiere dein Geld in Wertanlagen, die mehr als vier Prozent Zinsen einbringen, aber keinen Totalverlust erwirtschaften können. Immobilienfonds sind geeignet; noch besser ist ein eigenes Mehrfamilienhaus, das du erwirbst. Wenn ich fortan von ›Immobilien‹ spreche, meine ich damit ausschließlich Mehrfamilienhäuser, die du vermietest und nicht selbst bewohnst.
Die erste und wichtigste Grenze in deinem Leben werden deine ersten 10.000 Euro sein, die du sparst. Diese 10.000 Euro sind das Sprungbrett zu deinen ersten 100.000 Euro. Diese Summe kann jeder mit ein wenig Selbstdisziplin erreichen. Lass dir bitte keine neuen Probleme einfallen, warum du das nicht schaffst. Finde lieber neue Lösungen, wie du es schaffen kannst!

### *3. Goldene Regel: Sei konsequent statt Konsument!*

Die beste Karriereleiter die du hochsteigst, ist die Leiter, die dir selbst gehört. Auch wenn du Angestellter bist, solltest du nebenberuflich deine eigene Firma besitzen. Schon aus steuerlicher Sicht ist das hilfreich. Der Durchschnittsbürger ist Angestellter. Hier nimmt der Staat die Hälfte vom verdienten Geld, von dieser übrig geblieben Hälfte müssen alle Fixkosten beglichen werden, und was dann noch übrig bleibt, wird über den Monat hinweg aufgebraucht. Und am Ende des Geldes ist immer noch zu viel Monat übrig... Selbstständige verdienen ihr Geld, können es in die Vergrößerung ihres Vermögens investieren (Expansion/Immobilien/Wertanlagen), zahlen dann ihre Fixkosten, und von dem was übrig bleibt, werden die Steuern gezahlt. Der Durchschnittsbürger arbeitet nie für sich selbst. Er arbeitet zunächst für die Firma, dann für die Steuern, dann für die Bank, dann für die Familie und wenn dann noch etwas übrig bleibt, landet es in der Kneipe, um den Frust im Bier aufzulösen.

Viele spüren, wie ausweglos ihre Situation ist. Dabei hast du es selbst in der Hand. Hör auf ein Spiel zu spielen, bei dem du nicht gewinnen kannst. Glücksspiel ist bei so vielen Menschen beliebt, weil es ein Fenster in dieser Ausweglosigkeit öffnet. Doch die Hoffnung auf das große Los ersetzt die reale Chance! Gründe deine eigene Firma und mach dich selbst reich, statt alle anderen. Die reichsten Menschen dieser Welt sind keine Angestellten. Die Karriereleiter, die du hochkletterst, sollte deine Leiter sein. Egal, wie erfolgreich du bist, du kannst deinen Arbeitsplatz deinen Kindern und Enkeln nicht vererben, dein Vermögen schon. Das ist der ganze Trick. Das ist das ganze Geheimnis. Mach dich selber reich, statt alle anderen. Halte deine Fixkosten gering, investiere deine Einnahmen in Renditen anstatt in Schulden, und du wirst konstant reicher, statt ärmer.

# Du bist ein Geschenk für die Welt

*»Geld: Der Punkt, den Archimedes suchte, um die Welt aus den Angeln zu heben.«*
**Bloor Schleppey**

Wer arm ist, möchte reich werden. Er möchte etwas bekommen. Er möchte Geld, Erfolg, ein neues Auto... All das ist der Mangel, der zu uns spricht. Mangel widerspricht der Fülle, zuweilen aktiv, als Selbstsabotage, gelegentlich passiv als innerer Schweinehund. Wer wohlhabend werden möchte, sollte sich fragen: Was kann ich der Welt schenken? Diese Frage muss authentisch sein. Finde Lösungen, statt Probleme. Was braucht die Welt, was macht sie besser? Ob im Job, als Unternehmer oder im Privatleben - wir wissen oft nicht, welche unserer Handlungen wirklich etwas bringen und welche nicht. Physisch tun wir meist sehr viel um ständig sicherzustellen, dass die Dinge so laufen, wie wir sie uns wünschen. Oder um zu verhindern, dass sie schlechter laufen. Dabei sind wir viel zu oft mit uns selbst beschäftigt. Großer Aufwand, viel Energie, aber keine Wirkung. *›Das kann man nicht machen...‹* oder *›Das muss man so machen, auch wenn es mir nicht gefällt...‹* sind keine guten Ratgeber, wenn es um deinen Wohlstand geht. Es sind anerzogene Reflexe einer angepassten Gesellschaft, die ihre Bürger auf Armut trimmt.

Um dieses Handlungsmuster zu durchbrechen, müssen wir die richtigen Stellen identifizieren, an denen wir etwas tun oder ändern müssen, um die größtmögliche Wirkung zu erzielen. Jeder Geschäftsmann kennt die 80/20 Regel, nach der wir 80 Prozent unseres Erfolges durch 20 Prozent unserer Arbeit verdanken. Aber was sind diese 20 Prozent? Welches Projekt lohnt die Mühe, welcher verschlungene Pfad führt dich schneller ans Ziel? Es gibt eine Instanz in dir, die all das weiß und die dir helfen möchte, ein Leben in Fülle zu führen: Deine Innere Weisheit. Diese Stimme deines Herzens wieder bewusst wahrzunehmen ist der Weg. Übe dich darin, die Dinge auf diese Weise zu betrachten und zu erspüren. So können wir mehr und mehr mit geringem Aufwand und präzise eingesetzter Energie eine große, nachhaltige Wirkung erzielen. Wir konzentrieren uns mit ganzer Kraft auf genau die Impulse, die es energetisch und physisch zu setzen gilt und verzichten gelassen auf all das hektische Agieren, das nicht zielführend ist. Doch was gibt uns die Sicherheit und das Vertrauen, auf diese Weise zu handeln? Die Stimme der Inneren Weisheit, die Stimme der Inneren Fülle.

# Die Innere Fülle

*»Der Verstand kann uns sagen, was wir unterlassen sollen. Aber das Herz kann uns sagen, was wir tun müssen.«*
**Joseph Joubert**

Wie wäre es, wenn du eine Glaskugel hättest, die dir genau sagt, was richtig und wichtig für dich ist? Wie viel Zeit und Geld würdest du sparen, wenn du schon vor dem Abschluss eines Vertrages wüsstest, ob deine Wünsche damit in Erfüllung gehen? Und wie schnell würdest du wohl Geld verdienen, wenn dir eine Ampel immer anzeigen würde, ob das, was du da tust, richtig ist oder falsch?
Es gibt diese Glaskugel in jedem von uns. Eine Quelle der Wahrheit, eine göttliche Stimme, eine Ebene des Bewusstseins in uns, die sich der Wahrheit über die Natur unserer Existenz und die Welt jederzeit vollkommen bewusst ist. Ich nenne sie ›Innere Weisheit‹ oder ›Göttliche Intuition‹. Vielleicht wirst du eine andere Bezeichnung bevorzugen, ›Stimme deines Herzens‹ oder ›Engel meines Erfolges‹, letztlich handelt es sich immer um dieselbe Instanz. Unsere Intuition ist intelligenter als unser Verstand. Die göttliche Essenz in jedem von uns ist frei von Raum und Zeit, frei jeder Konditionierung, frei von allem, was menschlich ist, und somit frei von jedem anerzogenen Mangel.
Solange wir uns als Menschen und nicht als göttliche Wesen im Körper von Menschen empfinden, ist es schwer, selbst unmittelbar aus dieser Quelle zu sprechen. Leichter ist es, dieser Stimme zu lauschen und auf ihre Weisungen und Ratschläge zu hören. Unsere Göttliche Intuition weiß immer, was als nächstes

geschieht und unsere Innere Weisheit weiß genau, was richtig ist und gut. Der Wille, die Angst und die Gier des Menschen, überschatten und übertönen aber sehr leicht diese feinen Stimmen und Schwingungen in uns. ›Gottes Wille‹ wirkt in jedem von uns und es ist sein Wunsch, ein Paradies auf Erden zu erschaffen. Diese Innere Führung und Fügung weist uns immer und in jeder Situation den richtigen Weg, den Weg der Heilung, der Entwicklung und Fülle!

Ganz anders als unser menschliches Fühlen und Denken, weicht die Göttliche Intuition von ihren klaren Impulsen nicht ab. Wer die Wahrnehmung seiner Göttlichen Stimme trainiert, wird selbstbewusster und klarer. Er wird unbestechlich in seinem Vertrauen, das Richtige zu tun. Wir alle besitzen diese Innere Weisheit in gleichem Maße. Weder verlierst du sie, noch musst du sie finden. Höre nicht auf den Lärm deiner Gedanken, Begierden und Ängste, sondern lausche der sanften Stimme deines Herzens.

Den Impulsen, die wir aus der Inneren Weisheit schöpfen zu vertrauen, ist anfangs schwer. Wir sind es gewohnt, uns mit der Logik des Verstandes in der Welt zurechtzufinden. Die Göttliche Intuition ist dem gegenüber unlogisch, im Sinne von ›losgelöst‹ von einer kausalen Kette. Unser Verstand ist immer kausal und chronologisch: Erst A dann B und C... Unsere Innere Weisheit kann komplexer ›Denken‹, und jenseits der Zeit, von A bis Z, ist alles schon da und vorhanden. Auch wertet und kommuniziert unsere Innere Weisheit vollkommen angstfrei, ein Modus, der für unser Ego wie eine Fremdsprache klingt. Die Stimme der Inneren Weisheit kann mir ganz sachlich und ruhig sagen: ›Du wirst gleich stolpern und dir das Bein brechen.‹ Wenn ich diesen Impuls überhöre, stolpere ich vielleicht wirklich und breche mir das Bein. Wenn ich stattdessen einen anderen Weg einschlage, komme ich wohlbehalten nach Hause. Die Stimme meiner Inneren Weisheit kann mir aber auch sagen: ›Du wirst Millionär.‹ Dann freue ich mich und warte. Und nach einem Jahr bin ich erbost und ärgere mich, denn ich bin immer noch arm. Denn was ich nicht gefragt habe ist: Wann? Wann werde ich Millionär? Vielleicht erst in 50 Jahren. Zeit ist ein wichtiger Faktor, den wir präzise in die Fragen einfügen müssen. Denn weder Raum noch Zeit spielen für die Innere Weisheit eine Rolle.

Informationen, die ich bekomme, können mein Leben ebenso verändern wie Informationen, die mir vorenthalten werden. Wenn ich eine Information bekomme, wie: ›Du wirst nach Frankreich reisen‹, könnte das bei mir das genaue Gegenteil auslösen. Jetzt setze ich mich gemütlich auf die Couch und warte, denn die göttliche Weisung hat mir ja gesagt, ich würde ›irgendwie‹ nach Frankreich reisen. Irrtümlich gehe ich davon aus, dass meine Mitarbeit dafür nicht nötig ist. Aber der Mensch ist die Hand Gottes. Gott wirkt durch den Menschen. Die Bibel ist voll solcher Geschichten. Es geht auch umgekehrt und die Göttliche Intuition kann sehr stark in Kontrast zu meinen menschlichen Bedürfnissen und Wünschen stehen. Denken wir an Jona, der im Bauch des Walfischs landet, weil er Gott nicht gehorcht.

Die Intuition gibt dir keinen Anlass, ihren Direktiven zu folgen. Du bist frei. Natürlich kannst du nach Gründen forschen, bedenke aber, dass wir die göttlichen Pfade oft weder verstehen, noch überblicken. Die Wege des Herrn sind unergründlich. Das liegt daran, dass die ganzheitlichen Zusammenhänge, welche sie berücksichtigt, für uns im Vorhinein oft nicht vorstellbar sind. Erst rückblickend erkennst du den lichtvollen Pfad, der dich – auf scheinbaren Irrwegen – direkt zum Ziel geführt hat! Das ist göttliche Fügung. Das Schicksal. Gott will stets das Beste für uns, nur der Mensch wählt hin und wieder das Schlechte. Zuweilen wider besseren Wissens...

Je länger wir es hinauszögern unserer Intuition zu folgen, desto dumpfer werden wir, desto weniger Lebensfreude empfinden wir. Die Arbeit, die Beziehungen, die Gesundheit, die Facetten unseres glitzernden Lebens verdüstern. Konflikte ziehen wie Gewitterwolken herauf und Blitz und Donner scheinen die einzige Lösung. Wer sich zu lange weigert seinem Herzen zu folgen, wird triftigere Gründe finden, sein Leben zu ändern: Unfälle, Krankheiten, Verluste... Beziehungen, die schmerzhaft werden, zeigen uns, dass wir uns weit von unserer inneren Wahrheit abgewendet haben.

Es erfordert Mut und den Willen zur Wahrheit, der Stimme des Herzens zu folgen. Das Wort ›Courage‹ stammt nicht umsonst vom lateinischen Wort ›Cor‹ (Herz) ab. Wie können wir lernen, unserer Intuition zu vertrauen? Wie lauschen wir der Stimme unseres Herzens, der göttlichen Weisung und Fügung, sodass wir ihrem Streben zur Fülle folgen dürfen? Lass deinen Körper dafür sprechen. Nutze deinen Körper als Messinstrument der Wahrheit.

## Die Innere Weisheit befragen

*»Dem Geld darf man nicht nachlaufen, man muss ihm entgegengehen.«*
**Aristoteles Onassis**

Sind die Informationen zu komplex, um sie mit dem rationalen Verstand zu durchschauen, solltest du dich auf deine Intuition verlassen. Eine gesunde Intuition, der ›gute Riecher‹ hat schon immer einen guten von einem schlechten Geschäftsmann unterschieden. Während die Durchschnittsbürger achtlos darüber hinweg gehen, bleibt der Geschäftsmann wie gebannt stehen. Er sieht etwas in der verwahrlosten Ruine, dem demolierten Auto, dem öden Land. Er sieht das Gold, wo andere nur Steine sehen. Und während der Durchschnittsbürger sein Gold in Staub verwandelt, da wandelt der Geschäftsmann Staub in Gold. Wie geht das?

## Der Ring-Test

Setze dich entspannt hin und lege die Hände locker in den Schoß. Hier formst du mit beiden Daumen und beiden Zeigefingern zwei Ringe, einen links und einen rechts, die wie das Unendlichzeichen (∞) ineinander liegen. Gib die Kontrolle über deine Arme und Hände bewusst an deinen Körper ab. Nicht du sollst die Hände – und damit Antworten – kontrollieren, sondern deine Innere Weisheit. Fühle entspannt in deinen Körper hinein und stelle die erste Frage: *›Kann sich meine Innere Weisheit zeigen?‹* Achte auf deinen Körper. Öffnet sich etwas darin, geht dein Herz vielleicht auf? Sagt etwas ›Ja‹ in dir?

Ein ›Ja‹ zeigt sich durch Kraft und Stärke. Die Finger bleiben in der Ringform fest miteinander verschlossen.
Ein ›Nein‹ zeigt sich durch Weichheit und Schwäche. Die Finger gleiten ohne Halt auseinander.
Der Ring-Test stammt aus der Kinesiologie und basiert auf der Erkenntnis, dass unser ganzes Wesen, mithin unsere Nerven und Muskeln in Sekundenschnelle auf ›Innere Impulse‹ reagieren. Der Körper zeigt mit seiner Muskelkraft an, ob bestimmte Fragen ein ›Inneres Ja‹ oder ein ›Inneres Nein‹ erhalten. Testen lässt sich demgemäß sehr einfach, was den Körper betrifft: Allergien, Nahrung, Medikamente. Die Innere Weisheit reicht jedoch weit über das Körperliche hinaus.

*Auf unserer Homepage wie auf YouTube wirst du zahlreiche Videos mit Hinweisen und zusätzlichen Informationen finden, wie du den ›Ring-Test‹ effektiv nutzen kannst.*

## Der Armlängentest

Setze dich entspannt, jedoch mit geradem Rücken hin, Beine leicht gespreizt und lege die Hände locker auf die Oberschenkel. Denke laut an ein ›Ja‹, sage es noch dazu und lasse deine Arme zwischen den Knien nach unten hängen und führe Daumen und Daumen zusammen. Betrachte die Position deiner Daumen. Sind die Daumen symmetrisch gleichauf, hat es geklappt. Das gleiche wiederholen wir mit einem lauten ›Nein‹. Hier sollte die Position der Daumen asymmetrisch, also ungleich sein. Einer steht höher oder niedriger als der andere.

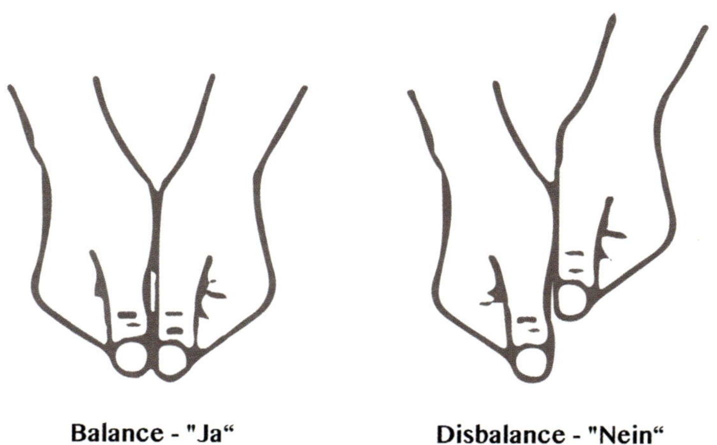

**Balance - "Ja"** **Disbalance - "Nein"**

Beide Methoden basieren auf einer universellen Reaktion des Körpers, welche uns signalisiert, was ›gut für uns‹ ist oder was ›schlecht für uns‹ ist. Diese Reaktionen sind auf allen Ebenen unseres Körpers gleichzeitig wahrnehmbar. Die Wahrheit trägt und macht uns klar und stark, sie sagt ›Ja‹ zum Körper, ›Ja‹

zum Leben, ›Ja‹ zum Reichtum. Die Lüge ist haltlos und macht uns trübe und weich, sie sagt: ›Nein‹ zum Körper, ›Nein‹ zum Leben, ›Nein‹ zum Reichtum. Diese Impulse kommen direkt aus der göttlichen Schicht der Intuition und sind als körperlicher Ausdruck zu sehen. Daher kannst du über den Ring-Test raum- und zeitübergreifende Informationen bekommen. Mach dich darauf gefasst, dass du dabei öfters Antworten erhalten wirst, die nicht dem entsprechen, was du gerne hören würdest. Das ist ein gutes Zeichen, denn es bedeutet, dass die ›Göttliche Wahrheit‹ und nicht die ›Menschliche Lüge‹ aus dir und zu dir spricht.
Das Folgen deiner Intuition wird dir helfen, in jeder Situation die richtige Entscheidung zu treffen. Alles, was du dazu benötigst, ist dein eigener Körper. Nutze diese Methode so oft wie möglich und folge ihr beherzt. Dank dem Training entwickelst du deine Fähigkeit, komplexere Informationen aus dem Feld der Intuition abzurufen. Du kannst diese dann direkt energetisch im Feld oder in dir erfühlen (›Hellfühlen‹), oder sogar noch direkter und unmittelbarer auf sie zugreifen (›Hellwissen‹).
Die Tests über den Körper sind wie Schwimmflügel: Sobald du dich in deiner göttlichen Klarheit frei geschwommen hast, brauchst du sie nicht mehr.

Los geht's! Mit der folgenden Liste beginnst du immer, sollten sich Fehler oder Unklarheiten zeigen, fängst du einfach wieder ganz von vorne an.

| Frage | Antwort | Antwort |
|---|---|---|
| 1) Kann sich meine Innere Weisheit zeigen? | Ja | Nein<br>Folgefrage: Will ich meine Innere Weisheit gar nicht spüren? |
| 2) Zeig mir ein ›Ja‹ | Ja | Nein<br>Folgefrage: Will ich die Wahrheit gar nicht wissen? |
| 3) Zeig mir ein ›Nein‹ | Ja<br>Folgefrage: Will ich die Wahrheit gar nicht wissen? | Nein |
| 4) Kannst du dich mit dem Projekt / meiner Frage XY verbinden? | Ja | Nein<br>Folgefrage: Soll ich stärker in das Projekt / meine Frage XY hinein fühlen und daran denken? |
| 5) Kannst du mir Fragen bezüglich des Projektes / meiner Frage XY beantworten? | Ja | Nein<br>Folgefrage: Will ich die Wahrheit gar nicht wissen? |
| Ab hier kannst du deine Fragen stellen... Sollten sich Fehler oder Unklarheiten zeigen, beginne wieder ganz von vorne. | | |

***Was du beachten solltest:***

- Teste anfangs Dinge, von denen du weißt, dass sie richtig sind oder falsch.
- Teste danach Dinge, die du nicht weißt, aber zeitnah in Erfahrung bringen kannst. Lass dich von Rückschlägen nicht beirren...
- Je mehr du testest, desto mehr vertraust du, je mehr du vertraust, desto sicherer wird das Werkzeug. Je sicherer das Werkzeug ist, desto mehr positive Erfahrungen wirst du machen und desto mehr wirst du der Inneren Weisheit vertrauen.

Die schicksalhaften Pfade des Gottes in uns gehen auf verschlungenen Wegen den schnellstmöglichen Weg. Um ans Ziel zu gelangen, kann es im Labyrinth des Lebens schlauer sein, erst zurück zu gehen, statt nach vorne zu stürmen. Der Mensch nimmt alles persönlich, der Gott in uns nicht. Der Mensch wehrt sich gegen das, was er nicht begreift, der Gott in uns durchblickt die Dinge jenseits von Raum und Zeit. Der Mensch ist ungeduldig und reizbar, der Gott in uns verfolgt Ziele, die Jahrtausende übergreifen und viele Leben implizieren.

***Ein paar Beispiele aus meinem Leben:***

- *Teste so viel du kannst:* Wir saßen auf Kuba im Fisch-Restaurant und wussten nicht genau, ob wir dem Essen trauen durften, obwohl es sehr lecker aussah. Kurzerhand testeten meine Freunde und ich, was wir bestellen sollten. Der Einzige, der das versäumte, bekam furchtbaren Durchfall, der ihn den halben Urlaub kostete. Wir sollten also immer so viel testen wie möglich, auch bei scheinbar unbedeutenden Dingen wie zum Beispiel: Welchen Film soll ich gucken, oder welches Shampoo benutzen? Wir wissen vorher nicht, was wichtig ist und was nicht.
- *Verstehen musst du es nicht:* Auf einer Geschäftsreise wusste ich nicht, wo genau ich aus dem Zug steigen sollte. Der Ring-Test ergab, ich sollte Wien Hauptbahnhof aussteigen, aber das kam mir spanisch vor, also testete ich, wo das Hotel stand, zu dem ich musste. Die Antwort war: Wien Meidling. Jetzt war ich verwirrt. Obwohl mein Hotel also in der Nähe von Wien Meidling stand, sollte ich trotzdem Wien Hauptbahnhof aussteigen? Kurz darauf kam die

Durchsage, dass mein Zug wegen eines Unfalls nicht in Wien Meidling hielt und ich musste in Wien Hauptbahnhof aussteigen, ob ich wollte oder nicht. Meine Innere Weisheit hatte es vorher gewusst.

- *Wir sind zwar Götter, aber in Körpern von Menschen:* Um das Testen zu prüfen, ging ich ins Spielcasino. Ich habe beim Roulett vor jeder Runde getestet, ob schwarz oder rot fällt. Nachdem ich aus 20 Euro über 800 Euro gewonnen hatte, wurde ich müde. Alles mischte sich in meinem Kopf. Als ich zu verlieren begann, ging ich nach Hause. Müdigkeit und mangelnde Konzentration färben die Intuition und trüben unsere Klarheit.
- *Wunder werden wahr:* Dem Testen schon sehr zugewandt, bekam ich eine Mail im Urlaub. Der wichtigste Immobilienkauf meines Lebens war definitiv gescheitert. Die Absage der Bank traf mich doppelt schwer. Erstens hatte ich bereits viel Geld in dieses Projekt investiert, zweitens hatte mir meine Göttliche Intuition glasklar und immer wieder gesagt: ›Ja, ich soll die Immobilie kaufen! Ja, ich werde die Immobilie kaufen!‹ Ob ich soll und ob ich werde ist ein enormer Unterschied, solche Feinheiten gilt es zu beachten. Mit Blick auf die niederschmetternde Email des Finanzberaters, der keinen Zweifel daran ließ, dass keine Bank das Projekt finanzieren würde, testete ich wie im Fieber: Soll ich die Immobilie kaufen? ›Ja!‹ Werde ich die Immobilie kaufen? ›Ja!‹ Mir wurde ganz schwindlig. Das war doch verrückt! Ich hatte es doch schwarz auf weiß vor mir: Das Projekt war gescheitert. Bedrückt von dieser Nachricht flog ich nach Hause. Wenige Tage später erhielt ich ein unglaubliches Angebot von der Verkäuferin der Häuser. Sie bot mir

an, die 600 qm Gewerbefläche zwei Jahre lang mietfrei zur Verfügung zu stellen, damit ich nach der Sanierung der Räume die Häuser kaufen konnte. Das Geschäft meines Lebens. Das Seminarzentrum mit eigener Hotellerie, Gastronomie, Café, Bar und Buchhandlung *Your Buddha*[2] wurde Wirklichkeit. Es war Schicksal und Gott hatte es so gefügt!

Die Göttliche Intuition weiß Dinge lange bevor wir sie wissen (können). Das gilt es zu bedenken und zu beachten. Die exakte Formulierung der Frage ist von entscheidender Bedeutung. Wenn ich frage: ›Habe ich eine schwere Krankheit?‹ oder ›Habe ich Kinder?‹ dann kann die Antwort ›Ja‹ lauten, obwohl das jetzt noch gar nicht stimmt, sondern erst in zehn oder 20 Jahren. Die Frage hätte lauten müssen: *›Habe ich jetzt gerade in diesem Moment Kinder?‹ ›Nein!‹ ›Werde ich in meinem Leben Kinder haben?‹ ›Ja!‹*

2 Einen digitalen Rundgang durch die wunderschönen Räume gibt es zu bestaunen unter: www.Your-Buddha.de

# Lerne schnell aus Fehlern

*»Wer einen Fehler gemacht hat und ihn nicht korrigiert, begeht einen zweiten.«*
**Konfuzius**

Ein Fehler ist letzten Endes nur die Abweichung eines eintretenden Ergebnisses von unserer Zielvorstellung und damit nichts Absolutes. ›Fehler‹ sind also unvermeidlich auf unserem Weg. Es ist wichtig, den eigenen Umgang mit Fehlern zu kultivieren, um seinen Zielen näher zu kommen. Eine der wichtigsten Grundregeln für einen konstruktiven Umgang mit Fehlern ist es, jeden Fehler so schnell wie möglich zu erkennen und einzugestehen, um danach konsequent im Licht der neuen Erkenntnis zu handeln. Oftmals wird diese Regel im Privat- wie im Geschäftsleben vernachlässigt. Was hält uns davon ab? Wir fürchten all das Geld zu verlieren, das wir bereits investiert haben. Wir fürchten die Möglichkeit einer kleinen Blamage so sehr, dass wir die sichere Katastrophe dafür in Kauf nehmen.
Sei schlauer als das, irre dich so schnell und so früh wie möglich, um deinen Kurs zu korrigieren. Fehler sind Informationen, nichts weiter. Wer einen Fehler macht, hat gelernt, wie es nicht geht. Das ist nützlich. Denn nur wenn ich weiß, wie es nicht geht, komme ich der Lösung näher.
Reiche Menschen arbeiten hart, um endlich die Sicherheiten zu schaffen, kein nennenswertes Risiko im Leben mehr zu tragen. Kaum haben sie das geschafft, klettern sie auf den Mount Everest, tauchen mit Weißen Haien in Mexiko, trinken und essen vergorene Delikatessen und springen mit dem Mountainbike über Geysire. Das ist lebensgefährlich! Denn wer in den Himmel will, der muss dafür sterben.

Vergessen wir diesen Mythos der Neuzeit. Kein Mensch wird glücklich, wenn er nicht hin und wieder ein Abenteuer erlebt, um sich zu spüren. Gefühle, die er noch nicht kannte, aus sich herauskitzelt. Die Seele des Menschen ist die größte erogene Zone der Welt. Jeder Bereich kann Emotionen wecken. Wir können uns, wie ein Instrument erst spannen und dann stimmen. Die Seele stimmt den Körper, und das Herz muss dafür der Wahrheit der Seele folgen. Demut zu Gott und der göttlichen Schöpfung lässt uns die Reinheit des Herzens erfahren. Die Schleusen der Seele – die Chakras – gehen auf, sehen, fühlen, hören die Wahrheit, in uns.

Eine entspannte Haltung und Lust an der Arbeit ist eine der wichtigsten Grundlagen für das Erreichen unserer Ziele im Leben. Entspannung bezüglich unserer Ziele erreichen wir vor allem dadurch, dass wir das Ziel innerlich loslassen. Alles, was emotional an diesem Ziel hängt, was es fixieren, festhalten und kontrollieren will, sollten wir loslassen.

# Den Selbstwert polieren

*»Das Wichtigste im Leben kannst du dir nur selbst geben: deinen Selbstwert.«*
**Gudrun Kropp**

Gewinner haben keine Angst vor dem Verlieren, aber Verlierer haben Angst vor dem Gewinnen. Ein Quäntchen Selbstwert hat für unseren Erfolg mehr Gewicht als eine Tonne Wissen. Zur Fülle in dir gibt es keine Alternative. Es wäre lieblos, dir und allen Menschen gegenüber, deiner Inneren Armut Recht zu geben. Armut hilft dir nicht, sie hilft keinem Menschen auf diesem Planeten! Wer den Mangel lebt und nicht die Fülle, ist lieblos sich selbst und anderen Menschen gegenüber. Dein Mangel zieht alle nach unten. So wie deine Fülle uns allen nach oben helfen kann. Reich wird keiner nur für sich selbst. Reich werden wir, um allen zu helfen. Geld allein macht zwar nicht glücklich, aber es hilft außerordentlich dabei. Viele suchen ihr Glück allein im Geld, das kann nicht funktionieren. Aber ohne Geld glücklich zu werden, widerspricht dem kategorischen Imperativ, demgemäß wir so leben sollten, dass unsere Art zu leben für alle Menschen gleichermaßen gelten kann. Alle Menschen, von denen ich gehört habe, die „geldlos“ leben, tun dies nur auf Kosten derer, die mit Geld leben. Es ist nur eine Verschiebung des Problems, eine Verschiebung der Schuld auf die Schultern der anderen.

Der Selbstwert ist einer der wichtigsten Instanzen in unserem Energiesystem. Er ist die Schnittstelle zwischen uns als Mensch und uns als Gott. Er steuert unsere körperliche, geistige und emotionale Gesundheit. Wir müssen ›liebenswert‹

sein, um auch Liebe zu empfinden. Und wir müssen es uns ›wert sein‹, Erfolg und Reichtum überhaupt zu ertragen. Wer innerlich arm ist, sorgt dafür, es auch zu bleiben, selbst wenn er viel verdient. Darum ist es so wichtig, den Selbstwert zu heilen, die Quelle des Inneren Reichtums.

## 3. Übung: Den Selbstwert heilen

Der Selbstwert sitzt in der Mitte des Unterbauches, also drei Fingerbreit unterhalb des Bauchnabels. Überall, wo wir in unserer Göttlichkeit von der Welt und den Menschen nicht bestätigt und gespiegelt wurden, hat er einen Kratzer und eine Delle bekommen. Wir wurden zunehmend menschlich, und versuchen seitdem unsere Probleme auf menschliche Weise zu lösen, statt auf Göttliche.

Um den Selbstwert zu heilen, setze oder lege dich ganz entspannt hin und achte darauf, wie dein Atem sanft in deinen Unterbauch strömt. Jeder Atemzug bringt dich tiefer und tiefer in deinen Körper hinein, sobald du das erlaubst. Schließe deine Augen. Der Wert, den du besitzt, dein Selbstwert, darf jetzt vor dir und deinem Bauch erscheinen, schwebend wie im Traum. Du kannst jetzt in deiner Vorstellung beide Hände danach ausstrecken. Erlaube, dass sich dein Selbstwert dir in die Hände legt. Spüre und fühle genau, wie er sich dir zeigt. Nimm ihn einfach ›wahr‹, indem du alles, was du fühlst, zunächst für ›wahr‹ nimmst. Ist er leicht oder schwer? Groß oder klein? Hell oder dunkel? Warm oder weich? Ist seine Oberfläche rau oder glatt? Tut es weh, ihn zu berühren?

Erlaube deinem Selbstwert zu heilen. Er darf dir seine Wunde zeigen, die deinen Erfolg sabotiert. Berühre diese Wunde jetzt sacht. Diese Wunde darf jetzt heilen. Wiederhole dafür im Geiste diese Sätze, die du wie ein kleines Mantra sprichst: ›*Du darfst mir auch gegen meine Widerstände deine Energie und Kraft schenken!*‹ Die Wunde wird ausstrahlen wie Licht, und der Schmerz darin wie ein Kohlestück verglühen. Dein Unterbauch wird warm und weich werden. Der Selbstwert in deiner Hand wird strahlend wie eine kleine Sonne. Der aufgebaute Stress sinkt in sich zusammen. Atme entspannt weiter. Genieße diesen Augenblick. Die Wärme in deinem Bauch breitet sich wie eine warme Flüssigkeit in deinem Körper aus. In dieser Wärme lockern sich die Knoten und Schlingen im Körper, die dich gefangen gehalten haben. Atme entspannt weiter, und die Spannung sinkt immer weiter zurück und macht diesem Wohlgefühl Platz, das hell, klar und weich deinen Körper erfüllen möchte. Erlaube jetzt ganz bewusst, dass dein Selbstwert dich und deinen Körper erfüllen darf: ›Ich gönne dir alles was du brauchst, um mir das Gefühl zu schenken, wertvoll und kostbar zu sein.‹

**Für Fortgeschrittene:** Arbeite themen- und projektbezogen. Deine Firma hat ein neues Projekt? Schau, was dein Selbstwert dazu sagt. Strahlt er das Projekt hell an, sagt der Gott in dir ja dazu. Verdunkelt sich dein Selbstwert und zieht sich wie eine Schnecke zusammen, sagt der Gott in dir nein dazu. Heile jetzt diese Wunde, heile sie, bis ein ›Ja‹ daraus wird, um Projekte und Themen in deinem Leben von deinem fehlenden Selbstwert zu befreien.

## Geld pumpen – mit Herz

Schulden machen wir nur, um damit Renditen zu kaufen. Wir wandeln also etwas Schlechtes, in etwas Gutes. Wer durch Schulden Geld verdient, hat ›gute Schulden‹. Wer durch Schulden nichts verdient, sondern draufzahlt, hat ›schlechte Schulden‹. Schulden sollten nie dazu dienen, privaten Luxus zu finanzieren, sondern nur, um Geld damit zu verdienen.

Wir können in der Wirtschaft das männliche Prinzip leben. Höher, schneller, weiter, hier dominieren Wachstum, Konkurrenz und Expansion. Oder wir leben auch wirtschaftlich das weibliche Prinzip, worin wir nachhaltige Werte fördern, kooperieren und das Wachstum anderer fördern. Zinsen und Schulden gehören zur Wachstumsphase und dem männlichen Wirtschaftsprinzip. Lebenssinn, Menschlichkeit und Nachhaltigkeit, Werte die unbezahlbar sind, gehören zum weiblichen Wirtschaftsprinzip. Wie überall in der Natur dominiert zunächst das männliche und dann das weibliche Prinzip, aus dem wiederum das männliche Prinzip hervorwächst. Wie Ebbe und Flut, Sommer und Winter, Tag und Nacht...

In der Phase der Expansion, des Wachstums deiner Firma ist es völlig in Ordnung, wenn du Schulden machst, Zinsen zahlst oder später auch Zinsen nimmst für das Geld, das du verleihst. In der Phase der Revision solltest du bleibende Werte schaffen. Werte, die für dich von unbezahlbarer Bedeutung sind, Menschen helfen, wohltätigen Zwecken dienen.

Schulden sind ein heikles Thema. Jeder hat sie, keiner will sie und letztlich müssen wir alle für sie zahlen. ›Gute Schulden‹ zu machen ist ein legitimes Mittel, ein Vermögen aufzubauen. Immobilien sind dafür besonders gut geeignet, hier tauschen wir den weichen Papierwert des Geldes gegen den steinharten Wert des Hauses. Die Differenz ist unser Gewinn. Je höher die Schulden, desto höher auch der potentielle Gewinn.

Bei Gold, das du kaufst, kannst du nachts gut schlafen, dein Geld ist krisensicher, dafür bekommst du aber keine Rendite. Bei Aktien kannst du schnell reich und ganz schnell wieder arm werden. Immobilien sind hier die goldene Mitte. Gut ausgewählt, in der Nähe des Stadtzentrums, sind Häuser so gut wie Gold, werfen aber eine attraktive Rendite von 10 Prozent und mehr ab. Eine Aktie kannst du nicht beleihen, nur verkaufen. Ein Haus ist eine Sicherheit, die dir viel Spielraum bietet, sobald du es besitzt. Sobald du das Spiel mit den Immobilien beherrschst, kannst du ein solide wachsendes Vermögen aufbauen.

Wenn ich von Häusern spreche, meine ich immer Mehrfamilienhäuser. Reihen- und Doppelhäuser, die du selbst bewohnst, kosten dich nur Geld, statt Geld für dich zu verdienen. Egal, wohin du dein Geld fließen lässt, nichts wird dich solider durch dein ganzes Leben begleiten als eine Immobilie. Ein Haus zu kaufen ist wie zu heiraten, im Zweifel sollte man es nicht tun. Sobald du Zweifel hast, lass es einfach – es lohnt die Mühe nicht. Aber wenn du ein gutes Haus gefunden hast, setze alles auf eine Karte und lass dich nicht beirren, in guten wie in schlechten Zeiten. Banken beleihen Immobilien – trotz aller Nörgeleien – immer noch recht hoch. Eine Vollfinanzierung zu bekommen ist schwer geworden, dafür sind die Zinsen gesunken, was sogar noch besser ist.

Nehmen wir folgendes Beispiel:

Du findest ein Haus mit 480 qm, eine solide Bruchbude, mit

sieben Wohnungen. Der Garten ist verwildert, der Keller und das Dachgeschoss sehen furchtbar aus – optisch macht es nicht viel her, aber der Bausachverständige, den du zur Besichtigung mitgenommen hast, findet keine gravierenden Mängel. Vielleicht sieht das Haus nicht gut aus, aber die Bausubstanz ist gut. Das ist die Hauptsache. Du kaufst es für 255.000 Euro. Mit Makler, Notar und Grunderwerbssteuer zahlst du also 280.500 Euro. Als Sicherheit will die Bank von dir 40.000 Euro Eigenkapital.
Aus drei Gründen ist dieses Haus der Grundstein deines gesamten Vermögens. Erstens: Du kannst selbst in eine leerstehende oder frei werdende Wohnung einziehen oder diese als Büro nutzen. Zweitens: Der Dachboden und der Keller sind ausbaufähig und bieten Wohnfläche an, die du mit wenig Kapitalaufwand zusätzlich gewinnen kannst. Im Grunde bekommst du 1 ½ Häuser zum Preis von einem. Drittens: Du sparst ab sofort Steuern, die du renditeträchtig in dein eigenes Haus investieren kannst, um nach Ablauf von zehn Jahren das Haus sogar steuerfrei verkaufen zu dürfen. Du sparst also die nächsten zehn Jahre Steuern, um den Gewinn, aus dem Verkauf des Hauses, steuerfrei behalten zu dürfen.

Die Kalkulation sieht wie folgt aus:

| Gewinnermittlung | Erklärung |
|---|---|
| Mieteinnahmen im Monat: 2.400 Euro | [480 qm x 5 Euro Miete pro qm] |
| Zinsen ≈ 600 Euro Monat | 240.500 Euro Darlehen zu 3%; möglich sind heute sogar 2% und 1%. |
| Tilgung ≈ 800 Euro im Monat | 4% Tilgung sind sehr hoch, damit das Sparen automatisch erfolgt. |
| Überschuss ≈ 1000 Euro | So viel Geld bleibt am Ende des Monats aus den Mieteinnahmen übrig, wovon allerdings auch Reparaturen und Mietausfälle bezahlt werden müssen. |
| Vermögenszuwachs im Monat: ≈ 1.800 Euro<br>Vermögenszuwachs im Jahr: ≈ 21.600 Euro | Die Tilgung reduziert das Darlehen. Das Haus gehört jeden Monat etwas mehr dir und damit auch das Geld, das du beim Verkauf gewinnst. Real wirst du also reicher, als der Überschuss im Monat es zeigt. |

Der Kauf des Hauses lässt dein Vermögen jährlich wachsen, auch ohne jedes Zutun. Die Tilgung des Darlehens erledigt das automatisch. Das Sparen erfolgt stillschweigend im Hintergrund. Du kannst Steuern sparen. Verdienst du viel, investierst du viel, verdienst du wenig, investierst du wenig. Sowohl dein Gehalt, als auch die Mietüberschüsse, kannst du reinvestieren und den Gesamteindruck des Hauses zusehends erhöhen. Die wildwachsenden Büsche und Bäume weichen einem pflegeleichten Steingarten. Im Dachgeschoss entsteht eine lichtdurchflutete Wohnung mit Holzböden und Holztüren, die du vielleicht sogar möbliert vermietest. Die Miete darf gestaffelt sein, so musst du dich um die Mieterhöhung nicht kümmern. Auch der Keller wird eine Mansardenwohnung mit Blick in den Garten.

Aus der soliden Bruchbude wird mit den Jahren eine echte Perle mit neun Wohnungen, 700 qm Wohnfläche und einem Wert von 580.000 Euro. Vielleicht sind neue Schulden hinzugekommen, wegen einem neuen Dach, wodurch die Schuldenlast in etwa die gleiche geblieben ist. Trotzdem sprechen wir von einem Wertzuwachs von 335.000 Euro. Das sind 2.791 Euro jeden Monat seit dem Erwerb des Hauses. Du hast also mehr gespart, als viele Menschen im Monat verdienen!

Die Eigenkapitalrendite ist sehr hoch. Denn all das hast du ja bekommen, obwohl du ›nur‹ 40.000 Euro investiert hast. So gesehen hast du ja mindestens 1.800 Euro Überschuss bekommen, für 40.000 Euro Investition. Das entspricht einer Rendite von 54 Prozent!

Dein Vermögen wächst jedes Jahr um 54 Prozent des Geldes, das du investiert hast... Unglaublich, oder? Hat dir das dein Mathelehrer beigebracht? Nein. Warum nicht? Erzählt dir das dein Banker, der Mensch, der dafür zuständig sein sollte, dein Vermögen zu vergrößern? Nein. Der lacht ja schon Hohn, wenn du schüchtern nach 2-3 % Zinsen fragst. Warum weiß das keiner, wie lohnend Häuser sind? Weil keiner darüber spricht. Über Geld wird aus gutem Grund nicht gesprochen: Sonst würde jeder innerhalb kurzer Zeit verstehen, wie unsinnig es ist, Staatsanleihen zu kaufen, Tagesgeldkonten anzulegen oder 99,99 Prozent dessen, was uns Staat und Banken für unser hart verdientes Geld als angeblich ›gut und sicher‹ andrehen wollen. Bei einer Rendite von 54 Prozent, in ein Haus, das dir – dank Sondertilgung – ganz schnell gehören kann, brauchen wir uns über angebliche Sorgen und Nöte des Hausbesitzers nicht unterhalten. In zwei Jahren hast du dein Geld wieder raus. Jeder Wasserschaden, Blitzeinschlag oder Brand sind abgesichert durch die Versicherung. Und selbst wenn Mieter ausziehen würden und nie wieder kämen, würde das diese Rendite nur minimal schmälern. Ich habe seit über elf Jahren Erfahrungen als Immobilienbesitzer. Und ja, ich habe selbst Fälle von komplizierten Mietern erlebt, mit Messies im Haus und lauten Partys. Und trotzdem habe ich noch nie, auch nur eine Sekunde bereut, mein finanzielles Glück in Immobilien zu suchen.

Alles, was du dafür tun musst, ist ein Mehrfamilienhaus zu finden und eine Bank, die es dir finanziert. Deine Schulden sind ›gute Schulden‹, wenn du eine so außerordentliche Rendite dafür kaufst. Und je größer die ›guten Schulden‹, desto mehr Geld lässt sich mit Immobilien verdienen. Warum? Weil Häuser sehr konstant eine Rendite von mindestens zehn Prozent abwerfen. Jedes normale Mehrfamilienhaus zahlt sich innerhalb von zehn Jahren selbst ab. Wenn du also ein Haus kaufen kannst und zahlst nur 2% Zinsen, bleiben 8% Gewinn für dich übrig. Bei einem Haus, das 100.000 Euro kostet, sind das 8.000 Euro im Jahr. Bei einem Haus, das 1.000.000 Euro kostet, sind das 80.000 Euro im Jahr. Und bei einer so großen Summe, über einen so großen Zeitraum geliehen, sollten wir auch die Inflation beachten. Inflation bedeutet, dass jedes Jahr das Geld weniger wert ist. Offiziell wird die Inflation mit zwei Prozent gerechnet. Das heißt 1.000 Euro heute sind in zehn Jahren von ihrer Kaufkraft nur noch 800 Euro ›wert‹, auch wenn die Zahl immer noch 1.000 Euro auf dem Konto ist. Langfristig gesehen braucht jeder von uns immer mehr Geld, weil wir für unser Geld immer weniger bekommen. Bei einer Summe von 920.000 Euro beträgt die Inflation im Jahr bereits sage und schreibe 18.400 Euro, das sind 1.533 Euro im Monat. Das bekommt jeder, der Schulden hat, geschenkt. Der Effekt wird künstlich durch den Staat gefördert, weil er so seine eigenen Milliarden Schulden langsam in Luft auflösen will. Im Kleinen funktioniert es auch und das heißt, du bekommst dank der Inflation 1.533 Euro jeden Monat zusätzlich geschenkt. Dank der Inflation wird die Kaufkraft des Darlehens Jahr für Jahr kleiner, obgleich es nicht getilgt wird. Die Inflation frisst die Schulden auf, weil der Wert des Hauses gleich bleibt, während der Wert des geliehenen Geldes sinkt.

Das ist gut für dich. Aber wie schlimm ist es global gesehen, dass unser Geld immer weniger wert ist?

Schulden

# Das erfundene Geld

*»Sparmaßnahmen muss man dann ergreifen, wenn man viel Geld verdient. Sobald man in den roten Zahlen ist, ist es zu spät.«*

**Jean Paul Getty**

Lange Zeit gab es im Finanzsektor nur eine Richtung - nach oben. Die Gewinne stiegen jedes Jahr um mehrere Prozent, Boni und Provisionen verdoppelten und vervierfachten sich... Woher kommt all dieses Geld? Ein Tsunami billigen Geldes hat den Markt überschwemmt. Banken und Firmen haben die Kapitalstärke ganzer Länder erreicht. Apple und Google zeichnen Gewinne, die dem Bruttosozialprodukt kleiner Länder gleichen. Und viele Firmen wie Hedgefonds zocken mit den Gewinnen und Verlusten ganzer Länder.

Vor 40 Jahren begann diese Ära des erfundenen Geldes. 1971 hob US-Präsident Nixon die Goldbindung des Dollar auf, um Geld für den Vietnamkrieg einfach drucken zu dürfen. Geld war davor an einen realen, ja ewigen Wert gebunden: Das Gold. Die Goldbindung des Dollars garantierte, dass jeder Bürger jederzeit für sein Papiergeld eine entsprechende Menge Gold bekommen würde. Dies ist weltweit nicht länger der Fall. Die härteste Währung der Welt, der Dollar, wurde damit weich gemacht. Die Leitwährung der Welt hatte ihren Anker verloren und treibt seitdem wie ein großes Schiff immer weiter ab. Das Schiff ›Papiergeld‹ hat seinen sicheren Hafen verloren. Bis zu diesem Tag im Jahre 1971 konnte jeder 35 Dollar gegen eine Feinunze (31,1 Gramm) eintauschen. In einem Federstrich hatte Nixon diesen historischen Goldstandard aufgehoben. Nixon begründete den drastischen Schritt mit Spekulationen gegen die USA. In Wirklichkeit hatten sich die USA durch die Kriege in Korea und Vietnam finanziell überhoben und zu viele Dollar zur Kriegsfinanzierung in Umlauf gebracht. Das Vertrauen in die Leitwährung schwand. Weltweit tauschten die Notenbanken ihre Dollarreserven in Gold. Langfristig drohte der Ausverkauf der US-Goldreserven, sodass Nixon die Notbremse ziehen musste. Zwei Jahre nach der schicksalhaften Trennung vom Gold wurden dann sämtliche Wechselkurse zum Dollar freigegeben.

Anders als beim Goldstandard, der den Zentralbankern gewisse Beschränkungen auferlegte, weil sie ihre Währungen stets mit Goldbarren unterlegen mussten, hatten die Notenbanker plötzlich freie Hand, Geld zu drucken, so viel sie wollten. Staaten können seither weitgehend ungehindert Schulden aufnehmen. Und jede drohende Krise wurde immer weiter verschoben durch noch mehr gedrucktes Geld. Nach biblischem Vorbild sagt die Europäische Zentralbank: ›Es werde Geld‹ und es wird Geld. Es wird Geld völlig frei erfunden. Ex nihilo, Billiarden aus dem Nichts... Seit Jahrzehnten, ohne Gold, als Notfall-Sicherung, als stützendes Fundament für dieses billionenschwere Kapital. Das Komma vor den Nullen wird einfach nach vorne verschoben, wieder und wieder und wieder. Kurzum: Das Geld, das heute zirkuliert, ist in Wahrheit nicht mehr wert, was es scheint. Es stehen keine Werte dahinter, die unabhängig von der Wirtschaftsleistung wären. Die goldenen Tempel und goldenen Paläste des Gottes Mammon sind in Wahrheit hohle Hallen. Der Wirtschaftsturm zu Babel droht zu fallen und das global geeinte Europa wieder in seine Stücke zu zerfallen.

Der Wirtschaftswissenschaftler Ludwig von Mises schrieb 1912 in ›*Theorie des Geldes und der Umlaufmittel*‹ über den Preis für durch Kredit geschaffenen Wohlstand: ›Das wiederkehrende Auftreten von Boom-Perioden mit nachfolgenden Depressionsperioden ist das unvermeidliche Ergebnis der ständig wiederholten Versuche, den Marktzins durch Kreditexpansion zu senken. Es gibt keine Möglichkeit, den finalen Zusammenbruch eines Booms zu verhindern, der durch Kreditexpansion erzeugt wurde. Die einzige Alternative lautet: Entweder die Krise entsteht früher durch die freiwillige Beendigung einer Kreditexpansion – oder sie entsteht später als finale und totale Katastrophe für das betreffende Währungssystem.‹

Den realen Wertverlust des Geldes lesen wir am Goldpreis ab. Denn Gold ist immer gleich viel wert – es ist in Wahrheit das Geld, das um den Goldwert schwankt, nicht umgekehrt. Der Goldpreis reflektiert das Vertrauen der Bevölkerung in das Papiergeld der Regierung. Darum steigt in Kriegszeiten der Goldpreis rapide: Gold schützt dich vor der Hyperinflation. Der Ankauf physischen Goldes – also echter Barren und Münzen zu Hause im Safe – wird von Experten belächelt. Denn der Goldpreis entwickelt sich entgegengesetzt zu Aktienkursen. Wenn Aktien, Fonds und Immobilienwerte steigen, fällt der Goldpreis. Umgekehrt steigt der Goldpreis aber ins Unermessliche, sobald Aktien und Papiergeld ihren Wert verlieren. Gold ist – im Gegensatz zum Geld – nicht beliebig produzierbar und besitzt darum seinen eigenen Wert, es ist eine Krisen-Währung.

*Der Goldpreis ist in den letzten Jahren bereits stark angestiegen - in dem Jahrzehnt seit 2002 hat er sich fast versechsfacht.*

Energetisch lösen wir Konflikte immer dort, wo sie begonnen haben. Begonnen hat das Problem bei der Trennung des Geldes vom Gold. Wenn der Staat es nicht mehr leistet, müssen wir einen privaten Goldstandart schaffen. Gold bietet in einer Krise den besten Schutz. Ich rate deshalb jedem, einen Teil des eigenen Vermögens in Gold anzulegen, am besten zehn Prozent. Auch dieser Wert ist der Natur abgeschaut. 10 % Hüftgold, also Fettanteil im Körper – für Krisenzeiten sicher angelegt – zeugt von einem gesunden Körper. Alles darüber macht behäbig und schwer, alles darunter wäre unterernährt.

Wer ein Haus besitzt, das mit 500.000 Euro beliehen ist, sollte also 50.000 Euro in Gold besitzen. Das sind beim derzeitigen Goldpreis etwa ein Kilo Gold. Wer Schulden macht um Werte zu besitzen – Häuser, Autos, Luxusartikel – sollte auch sicherstellen, dass diese Werte krisensicher geschützt sind. Und das tun wir durch Gold. Wer also ein Haus hat, sollte überlegen eine Hypothek aufzunehmen, um Gold davon zu kaufen. Und wer gerade eine Wohnung oder ein Haus kauft, sollte zehn Prozent zusätzlich an Schulden aufnehmen, um davon Gold zu kaufen. Lieber ein kleineres Haus, das du behalten kannst, als ein großes Haus, das du verlierst.

Die erste Finanzkrise war eine Immobilienblase. Der Wert der Immobilien wurde überschätzt. Die zweite Finanzkrise wird eine Geldblase sein. Der Wert des Geldes wird überschätzt. Sollte dieser Wert zurechtgerückt werden, zöge das eine Hyperinflation nach sich, von der jedes Land auf dieser Erde betroffen wäre.

Das erfundene Geld hat den Mangel des Menschen auf die Spitze getrieben. Dabei wäre genug Geld für alle da. Die künstliche Verknappung des Geldes macht aus einem lebensnotwendigen Hilfsmittel einen eiskalten Wettbewerb. Und nur wer viel hat, kann auch überleben. Auf den Punkt gebracht, ist die Wirtschaft durch die Zinsen zu ewigem Wachstum gezwungen, was zwangsläufig zur Ausbeutung des Planeten und der Menschen führt. Ein System, das wir selbst erschaffen haben!

Es wird nicht ewig weiter gehen. Unser gesamtes Geld besteht aus Schulden, die nur so lange einen Wert besitzen, wie wir darauf vertrauen, dass sie auch gezahlt werden können. Das islamische Bankwesen funktioniert bis heute trotz eines Zinsverbotes. Gemäß dem Koran ist Geld mit Geld verdienen verboten. Und die Altvorderen wussten was sie tun! Denn Zinsen zwingen jede Wirtschaft auf Dauer in die Knie. Zinsen tragen den dunklen Makel des Menschen in die süßen Ströme des Geldes.

Erst durch Zinsen wächst die Wirtschaft schief und aus natürlichem Wachstum wird ein krankhaftes Wachstum, ein Tumor, der uns alle bedroht.

# Geld für alle

*»Freiheit. Gleichheit. Grundeinkommen«*
**Götz Werner**

Seine ganze Macht bezieht das Geld aus dem Vertrauen, das wir darin setzen, auch wirklich Waren und Dienstleistungen im Tausch dafür zu bekommen. Ist das Vertrauen hoch, ist die Währung stark und die Inflation gering. Ist das Vertrauen klein, ist die Währung weich und die Inflation ist hoch. Unser Euro hat im Laufe der Zeit immer mehr an Wert verloren, weil dem vielen Geld, das kursiert, ein immer kleinerer Wert gegenübersteht, der es absichert. Im Geld-System steht jedem Guthaben eine Schuld gegenüber, jedem Plus ein Minus, wir haben immer einen Gläubiger und einen Schuldner. Die Zinsen zwingen das globale Wirtschaftssystem zum krankhaften Wachstum und damit in die Krise...

Drehen wir dieses Verhältnis um, wird es rund und das Geld kann wohltuend fließen und die Krise verhindern. Die Inflation kommt ohnehin, die Frage ist: Kontrollieren wir die Inflation, oder kontrolliert die Inflation uns?

Die Zeit des globalen Wachstums und der Expansion ist vorbei. Weibliche Werte der Fürsorge, des Lebenssinns und der Nachhaltigkeit, des wohlwollenden Miteinanders sollten jetzt unsere Wirtschaft bestimmen. Nur so können wir die Krise in eine Chance verwandeln, oder gar verhindern. Die globale Expansion muss einer globalen Revision, der Rückbesinnung auf dauerhafte Werte weichen.

Bereits der französische Ökonom Pierre-Joseph Proudhon stellte fest, dass gekaufte Waren im Gegensatz zum Bargeld einen Wertverfall aufzeigen. Geld ist also wertvoller als Waren. Damit war klar, im Laufe der Zeit kann und wird der Geldbesitzer den Warenbesitzer ausbeuten. Silvio Gesell fand dafür die Lösung und postulierte, dass Geld, genauso wie die Waren, von Natur aus eine begrenzte Lebensdauer haben müsste. Nur so wäre das Kräftegleichgewicht gesichert. Das Schwundgeld war erfunden. Bisher wurde es nirgendwo eingeführt. Dabei bietet das Schwundgeld die Lösung für alle globalen Geldprobleme der nächsten hundert Jahre. Schwundgeld schwindet, es verfällt, wird schlecht und verrostet genau wie alle Waren, die damit gekauft werden können.

Gerade heute, wo außer den Waren, die in Umlauf sind, keine nennenswerten Sicherheiten für den Wert des Papiergeldes bürgen, müsste das Geld genauso verfallen und automatisch weniger werden, so wie es die Waren – die das Geld ja abbildet – ebenfalls tun. Geld, das nur durch Waren abgesichert ist, braucht den Wertverlust und Zerfall, um konstant sicheres Zahlungsmittel zu sein. Das Geld muss oxidieren, genau wie Blut es tut.

Schwundgeld bietet exakt, was für eine gesunde Wirtschaft mit gesunden Schulden nötig ist. Es ist Geld, das der Staat ausschüttet, mit einem Negativ-Zins von, sagen wir, zehn Prozent. Von 1.000 Euro auf dem Konto bleiben nach Jahresende nur 900 Euro übrig. Sobald Geld ›schlecht‹ werden kann, wird es im Überfluss strömen. So wie früher, wo der erfolgreiche Jäger sein Wild mit allen Dorfbewohnern teilte, im Wissen, dass seine Nachbarn ihm beim nächsten Mal diesen Gefallen erwidern. So könnten wir auch Geld teilen, als wären es Brotleibe die verschimmeln, wenn sie keiner isst.

Mit Schwundgeld wird das bedingungslose Grundeinkommen finanzierbar. Jeder Bürger wird gleichermaßen an den

Gesamteinnahmen der Gesellschaft beteiligt. Nur mit ausreichend finanziellen Mitteln ist ein menschenwürdiges Leben möglich. Die Würde des Menschen muss sich niemand verdienen, sie ist unser Geburtsrecht. Somit ist auch ein menschenwürdiges Leben unser Geburtsrecht und somit auch ausreichend finanzielle Mittel!

Die komplexen Steuermodelle aus Mehrwertsteuer, Körperschaftssteuer, Einkommensteuer, Vergnügungssteuer weichen einer einzig sinnvollen Steuer: Der Konsum- und Luxussteuer. Nur wer konsumiert zahlt auch Steuern, wer Luxus konsumiert zahlt sogar doppelt. Er kann es sich ja leisten.

Und die althergebrachten Zuwendungen des Staates aus Kindergeld, Arbeitslosengeld, Sozialhilfe weichen einer einzigen Zuwendung, für die sich keiner schämen muss: Dem bedingungslosen Grundeinkommen.

Dank des Schwundgeldes wird Teilen zur einzigen Möglichkeit, Geld vor dem Verfall zu schützen. Dann fließt es wie Blut und jeder nimmt sich nur so viel, wie er selber braucht. Jeder, der dieses Geld bekommt, wird es sehr eilig haben, es auszugeben. Geld horten nützt jetzt nichts mehr, denn es schwindet. Wenn von 1.000 Euro am Ende des Jahres nur 900 Euro übrig bleiben, wir aber auch permanent frisches Geld bekommen, ist es bereits ein gutes Geschäft, sein Geld mit einem Negativ-Zins von fünf Prozent zu verleihen. Ich gebe dir 1.000 Euro, und du gibst mir 950 Euro am Ende des Jahres zurück. Positive Zinsen sind verboten, das beste Angebot wären 0 % Negativ-Zins.

In Zeiten der männlichen Rivalen-Wirtschaft ist Geld und Renditen horten zielführend, in Zeiten der weiblichen ›Wir-tschaft‹ ist es sinnvoll, das Geld zu teilen und Schulden aufzulösen.

## Inneren Reichtum erleben

*»Lasse nie zu, dass du jemandem begegnest, der nicht nach der Begegnung mit dir glücklicher ist.«*
**Mutter Theresa**

Stell dir vor, es ist Happy Hour in deiner Bar und du bist vor die Wahl gestellt, nur für dich selbst einen Cocktail für zehn Euro zu bestellen oder du kannst für zehn Euro allen hundert Leuten in der Bar einen Cocktail ausgeben. Vor diese Wahl gestellt, fällt uns die Großzügigkeit leicht, oder? In Wahrheit sind wir alle in genau dieser Situation. Geld in arme Länder zu spenden, ist wie ein Ausverkauf mit einem Preisnachlass von 99,9 Prozent oder einer Zugabe von 10.000 Prozent! Den ärmsten Menschen der Welt Geld zu spenden, ist und bleibt das beste Geschäft unseres Lebens! Jeder von uns in Deutschland ist hundertmal reicher als die ärmsten Menschen auf dieser Welt. Zehn Euro mehr oder weniger im Monat zu verdienen, wird an deinem Glück nichts ändern. Diese zehn Euro in Deutschland sind aber wie 1.000 Euro für andere Menschen, die in völliger Armut leben. Deine zehn Euro können die extreme Armut eines anderen Menschen hundertmal mehr verbessern als deine eigene Situation!
Darum ist es weise zu spenden. Egal wie wenig, egal wie viel. Zehn Euro bei uns ist wie eine Handvoll Schnee am Nordpol. Aber in der Wüste kann eine Handvoll Schnee einem anderen Menschen das Leben retten. An jedem Tag, zu jeder Zeit passieren Katastrophen auf dieser Welt, für die es keine öffentliche Aufmerksamkeit gibt. Hier hin zu spenden, ist weise. Denn hier rettet dein Geld auch am meisten Leben.

Für die Zukunft wünsche ich mir ein Computerprogramm, das alle Spendengelder dieser Welt sinnvoll verwaltet. Jede Spende, egal wie klein, egal wie groß, fließt in diesen Topf. Der Computer entscheidet dann, wohin das Geld am besten fließt, wo es am meisten gebraucht wird und so den größten effektiven Nutzen pro Euro erzielt. Wie ein großes Herz, das unser Geld wohltuend in die Regionen unseres globalen Körpers pumpt, wo es jetzt gerade am meisten gebraucht wird. Das wäre eine weise Art zu spenden.
Bis dahin tun wir gemeinsam das, was wir können, in der Zeit, die wir haben, mit den Mitteln, die uns zur Verfügung stehen - unseren eigenen Mangel und den der ganzen Welt zu heilen. Reich werden wir nie nur für uns selbst, wir werden es auch für alle anderen Menschen. Dein Innerer Reichtum wird stets der kostbarste Schatz sein, den du besitzt. Der Wohlstand deiner Seele dient deinem eigenen Wohle wie dem Wohl der ganzen Menschheit. Erlaube dir liebevoller zu sein als jemals zuvor, und es wird leicht dir auch zu gönnen, erfolgreicher zu sein, als jemals zuvor. Du wirst ein großes Herz, und große Mengen Geldes werden durch dich fließen. Diene der Fülle, greife nicht nach ihr. Das Herz behält nur so viel für sich zurück, wie es braucht, seine Arbeit zu tun. Diene deinem Reichtum, ohne ihn zu besitzen. Die Hand, durch die das Geld fließt, bleibt offen. Aller Besitz auf Erden ist nur geliehen. Darum finde das Gute, das Wertvolle, das Schöne in dir. Teile es mit uns allen und Geld wird keine Sorge mehr für dich sein!

Weitere Informationen, Gratisdownloads und Seminare unter:
***www.chi-heilung.de***